INHALT

III. Teil

Die „Drei Körper des Buddha" im Zusammenhang mit Tod, Zwischenzustand und Geburt

Geshe Rabten

Das Buch
vom heilsamen Leben,
vom Tod
und von der Wiedergeburt

Der Befreiungsweg im tibetischen Buddhismus

Mit einem Vorwort des Dalai Lama

Aus dem Tibetischen
von Helmut Gassner

Übersetzung des Vorwortes
von Paul Syska

Herausgegeben von Paul Syska

Herder
Freiburg · Basel · Wien

Gedruckt auf umweltfreundlichem,
chlorfrei gebleichtem Papier

Originalausgabe

2. Auflage

Alle Rechte vorbehalten – Printed in Germany
© Verlag Herder Freiburg im Breisgau 1995
Herstellung: Freiburger Graphische Betriebe 1997
Umschlaggestaltung: Joseph Pölzelbauer
Umschlagfoto: Don Farber, Saga 1989 D, Buddhist Monks
© Focus, Hamburg 1994
ISBN 3-451-04335-1

DER DALAI LAMA

Vorwort

Es freut mich, daß Paul Syska „Das Buch vom heilsamen Leben, vom Tod und von der Wiedergeburt – Der Befreiungsweg im tibetischen Buddhismus" zusammengestellt und herausgegeben hat. Es basiert auf einer Sammlung von Vorträgen über Tod, Zwischenzustand und Geburt des Ehrwürdigen Geshe Rabten.

Im allgemeinen wird jeder praktizierende Tibeter sich täglich den gesamten Ablauf von Tod, Zwischenzustand und Geburt in der Meditation vor Augen führen. Dies ist tatsächlich eine Vorbereitung auf den Tod selbst. Dadurch wird der Tod und auch der natürliche Sterbevorgang etwas sehr Vertrautes. Wenn der letzte Tag dann kommt, ist es das Wichtigste, auf die Vorbereitung zurückzuschauen und sich auf diesen natürlichen Vorgang einzustellen. Sollte ich diese Nacht sterben, gibt es nicht viel zu bereuen.

Nicht weniger wichtig als die Vorbereitung auf den eigenen Tod ist es, Sterbenden beizustehen. Es ist dabei wesentlich, keine Unruhe im Geist einer sterbenden Person zu verursachen. Weiter ist es wichtig, eine Meditation anzuwenden, mit der man beim Sterbenden eine Erinnerung an eine ihm vertraute religiöse Übung wachruft. Denjenigen, die keine Religion ausüben, sollte dahingehend geholfen werden, daß sie möglichst in einer friedvollen und entspannten geistigen Haltung sterben können. Die Art der Einstellung, die man zum Zeitpunkt des Todes hat, ist äußerst wichtig im Hinblick auf das Karma, das heranreift und bestimmend für die zukünftige Wiedergeburt ist.

Für praktizierende Buddhisten gibt es verschiedene Ebenen der Kontemplation, die ein Sterbender anwenden kann. Dazu gehört das Nachdenken über die Bedeutung der Leerheit, das altruistische Streben nach Erleuchtung, die Ausübung von Gottheiten-Yoga, die Praxis hinsichtlich der subtilen Windenergien und auch das Nachdenken über die Höchste Weisheit der untrennbaren Einheit von Glückseligkeit und Erkenntnis der Leerheit, das Ausführen der Bewußtseinsübertragung, und so weiter.

Wie immer der Nutzen und die Kraft solcher Meditationen im allgemeinen sein mögen: Entscheidend für die sterbende Person ist, daß sie zu den Übungen hingeführt wird, die sie zu praktizieren gewohnt ist. Da die Kraft der Aufmerksamkeit und auch andere geistige Kräfte nachlassen, hat es überhaupt keinen Sinn zu versuchen, einer sterbenden Person eine für sie ungewohnte Meditation aufzuzwingen. Es ist sehr vorteilhaft, die sterbende Person an die religiöse Praxis zu erinnern, die der Ebene ihrer geistigen Übungen entspricht.

Der verstorbene Ehrwürdige Geshe Rabten war nicht nur ein umfassend gebildeter buddhistischer Gelehrter, er hat in den vielen Jahren seiner Lehrtätigkeit Erfahrungen mit den Menschen des Westens gemacht, und ich bin sicher, daß dieses Buch für westliche Leserinnen und Leser sehr wertvoll sein wird.

9. Juli 1994

I. Teil:

Religion, Leben und Tod

Religion und Dharma

Im folgenden möchte ich Zusammenhänge von Religion oder Dharma erläutern. Es ist wichtig, sich den Unterschied zwischen gewöhnlichen Ausführungen zu einer Sache und Erklärungen über Religion oder Dharma deutlich zu machen.

Man kann sich über viele Dinge unterhalten. Hört man sich Vorträge über weltliche Dinge an, ist man begierig, Neuigkeiten zu erfahren. Ein zweites Mal würde man sich den gleichen Vortrag wohl nicht anhören, da einem die Informationen bekannt sind. Man würde sich bei einer Wiederholung nur langweilen. So ist es mit Nachrichtensendungen: Hat man sie gehört, kennt man den neuesten Stand der Dinge. Die Informationen können uns traurig stimmen oder auch fröhlich machen. Ist uns der Stand der Dinge bekannt, brauchen wir die Informationen nicht ein zweites Mal zu hören.

Erklärungen über Religion oder Dharma sind nicht zu vergleichen mit Nachrichtensendungen oder mit anderen weltlichen Vorträgen. Selbst wenn man Erklärungen über den gleichen Sachverhalt mehrfach erhält, so sind diese jedesmal wieder von Nutzen.

Jede Wiederholung hilft, ein besseres Verständnis zu gewinnen und den Geist noch wirksamer in eine heilsame Richtung umzuformen.

Kommt der Zuhörer mit der Einstellung, etwas zu erfahren, was seinen Geist positiv verändern kann, dann hat diese Haltung eine große Wirkung: Die Erklärungen sind ihm dann außerordentlich hilfreich und nützlich.

Religion dient dazu, das Bewußtsein des Menschen zu verbessern, indem sie seinen Einstellungen eine positive Wendung gibt. Das ist die Natur der Religion, und deshalb ist die Motivation des Zuhörers besonders wichtig. Die rechte Motivation führt dann auch zu entsprechenden Ergebnissen.

Religion kann eine Wende des Geistes herbeiführen und den menschlichen Geist positiv beeinflussen. Doch diese Kraft und Fähigkeit der Religion wird nicht zum Ziel führen, wenn der Zuhörer nicht offen ist, sondern lediglich nach exotischen Erfahrungen sucht.

Es gibt eine tibetische Redensart: Unterweisungen im Dharma sollten hundertmal gehört werden. Selbst Erklärungen über den gleichen Sachverhalt sollten hundertmal gehört werden. Bei jedem richtigen Zuhören findet eine Verbesserung, eine heilsame Änderung der Einstellung des menschlichen Geistes statt.

Kommt man zu Dharma-Unterweisungen nur, um etwas Neues zu erfahren, und langweilt man sich bei Erklärungen, die man schon einmal gehört hat, dann ist das ein deutliches Zeichen, daß man den religiösen Erklärungen mit einer weltlichen Einstellung gefolgt ist. Die Unterweisungen sind dann wie Neuigkeiten einer Nachrichtensendung aufgenommen worden. Eine solche Einstellung kann keine positiven Auswirkungen auf den eigenen Geist haben. Ich habe in verschiedenen Orten Europas Vorträge gehalten und treffe auch immer wieder auf Zuhörer, die den Inhalt meiner Vorträge schon kennen. Es sieht so aus, als ob sie immer wieder das gleiche hören würden. Doch mit einer Einstellung der Offenheit wird jedes Zuhören sich vorteilhaft auswirken. Jedesmal wird eine weitere heilsame Beeinflussung des Geistes erreicht.

Ich möchte einige Worte zum Begriff der Religion sagen. Auf dieser Erde gibt es sehr viele Menschen. Einige interessieren sich für Religion und Dharma, viele andere sind dem gegenüber gleichgültig. Dabei ist die Zahl derer, die sich nicht mit Religion beschäftigen, weitaus größer. Einige hatten nie die Gelegenheit, Religion oder Dharma kennenzulernen. Die meisten Menschen haben aber die Möglichkeit, sich mit Religion zu befassen. Doch sie erkennen die eigentliche Natur von Religion nicht und verstehen etwas Falsches darunter. Aufgrund dieser falschen Vorstellung entschließen sie sich dazu, sich nicht mit Religion auseinanderzusetzen, weil das nach ihrer Meinung sinnlos ist.

Andere sind der Ansicht, daß Religion das Brauchtum eines bestimmten Landes sei. Und für das Brauchtum eines fremden Landes sich besonders zu interessieren sei nicht notwendig – das bringe keinen Nutzen. Dann gibt es noch die Meinung, Religion sei eine Sammlung von nutzlosen und trockenen Büchern. Dafür lohne es sich nicht, Interesse zu zeigen. Wieder andere meinen, daß Religion eine wunderbare Art sei, sein Leben mit Faulsein und Nichtstun zu verbringen und sich vor jeglicher Arbeit zu drücken. Solche Einstellungen führen dazu, sich nicht weiter mit Religion zu beschäftigen.

Andere sehen die verschiedenen Kriege, die im Namen von Religionen geführt werden, und betrachten Religion deshalb als etwas äußerst Problematisches und wollen nichts davon hören.

Religion ist kein Brauchtum eines bestimmten Landes. Östliche Religionen sind kein Brauchtum östlicher Länder, westliche Religionen sind kein Brauchtum westlicher

Länder. Auch Bücher sind nicht Religion, sie sind Werkzeuge – Hilfsmittel, in denen Gedanken zum Verstehen von Religion niedergeschrieben sind.

Religion ist auch kein bequemer Lebensstil für Leute, die nicht gerne arbeiten. Wer nichts lernt und studiert, der wird Religion nicht richtig verstehen und anwenden können. Daß im Namen von Religionen Streitigkeiten und Kriege entstehen, liegt an den Menschen, die diese Kriege hervorrufen und führen. Die Unstimmigkeiten sind keine den Religionen inhärente Fehler. Wenn zwei Kinder Schokolade essen und jeweils behaupten: „Meine Schokolade ist süßer als deine" und darüber in Streit geraten, dann ist das nicht der Fehler der Schokolade, sondern der Fehler der Kinder, die diese Schokolade essen. Die Schokolade hat bei beiden Kindern den gleichen süßen Geschmack.

Die angesprochenen Punkte haben nichts mit Religion und Dharma zu tun. Aber was ist dann unter Dharma zu verstehen? Darüber möchte ich zuerst in bezug auf unsere Welt sprechen. Die unzähligen anderen Welten, die größer oder kleiner als unsere Welt gestaltet sein können, klammere ich dabei aus.

Auf dieser Erde gibt es viele Menschen. Alle haben Wünsche und streben, ganz gleich welchen Alters, nach den unterschiedlichsten Zielen. Diese Wünsche und Ziele können auf einen Nenner gebracht werden: Alle wollen Angenehmes oder Glück erfahren und Unangenehmes oder Leid meiden. Das läßt sich schon bei einem Säugling beobachten. Er schreit und weint, wenn ihm etwas fehlt oder wenn ihm ein Leid geschieht. Die Anstrengungen und Bemühungen des Kindes sind darauf gerichtet, die Aufmerksamkeit seiner Mutter auf sich zu lenken, um seine Nahrung zu erhalten. Es will das Unangenehme, den Hunger, vermeiden und das Angenehme, die Muttermilch, erhalten.

14

Was immer wir auch tun, ob wir arbeiten oder ausru-hen: bis zu unserem letzten Atemzug streben wir nach ei-nem Ziel, das Wünschenswerte zu erlangen und das nicht Gewünschte zu vermeiden. Auch die Kinder, die wir in die Schule schicken, sollen lernen, damit sie auf ihrem weiteren Lebensweg in der Lage sind, die erhofften Ziele zu erreichen.

Dieses Verhalten ist nicht nur bei Menschen zu beob-achten. Tiere verfolgen die gleichen Ziele. Sie springen, kriechen und fliegen herum, um das Angenehme zu erlan-gen und dem Unangenehmen aus dem Weg zu gehen. Je-der kann diese Beobachtung machen.

Das erstrebte Wohlbefinden kann körperlich und gei-stig erfahren werden. Auch die unangenehmen Erfahrun-gen werden als körperliches und geistiges Leid erlebt. Was wird intensiver erfahren? Körperliches oder geistiges Leid, oder körperliches oder geistiges Glück? Wir können es selbst beobachten. Geistiges Leid kann wesentlich domi-nanter sein als körperliches Leid. Geistiges Glück und Wohlbefinden werden wesentlich intensiver erlebt als körperliches Glück und Wohlbefinden.

Wie kann geistiges Wohlbehagen körperliches Leid überstrahlen? Woran wird deutlich, daß geistiges Glück dominanter sein kann? Befindet sich jemand in einem Zu-stand ungestörter Freude, dann wird bei dieser Person trotz Krankheit die Fröhlichkeit ihre körperlichen Leiden überstrahlen. Sie wird ruhig, freundlich und fröhlich bleiben. Das geistige Glück übertönt die körperlichen Schmerzen.

Ist jemand dagegen traurig, depressiv und bedrückt, dann kann man ihm das beste Essen zubereiten, die schön-sten Kleider anbieten und die kostbarsten Schmuckstücke umhängen – sein Gesicht wird doch weiter Bedrücktheit ausdrücken und er wird seine Umgebung durch seine

Stimmung in Mitleidenschaft ziehen. Auch wird er nur über Unangenehmes und Bedrückendes reden. Die Kraft seiner Kommunikation ist gebrochen und er kann sich seiner Umwelt nicht entspannt und richtig mitteilen.

Solche Beobachtungen können wir an uns selbst und an unserer Umgebung machen. Gibt es ein Mittel, das geistiges und körperliches Unbehagen beseitigen kann? Sind die Mittel zum Beseitigen von geistigem Leid die gleichen wie die zum Beseitigen von körperlichem Leid? Körperliches Unbehagen kann dadurch überwunden werden, daß man etwas lernt, daß man dann arbeitet und das Verdiente dazu benutzt, um sich zu ernähren, anzukleiden und seine Gesundheit zu erhalten. Alle unsere Aktivitäten sind in der Tat darauf gerichtet, körperliches Wohlbefinden zu erhalten. Wie wird nun aber geistiges Wohlbehagen und Glück erreicht? Sind es die gleichen Mittel wie die eben geschilderten?

Teilweise führen die Bemühungen für unser körperliches Wohlbehagen zu einer geistigen Entspannung, so daß auch der Geist dadurch eine Befriedigung erfährt.

Trotzdem leiden viele Menschen unter geistigem Unbehagen, ganz gleich, ob sie arm, wohlhabend oder reich sind. Es ist leicht zu verstehen, daß arme Menschen bedrückt und traurig sein können. Doch auch bei wohlhabenden Menschen kann man feststellen, daß sie deprimiert sind und keineswegs fröhlich und glücklich. Die Wohlhabenden sind ständig damit beschäftigt, ihren Wohlstand zu erhalten und zu vergrößern und finden dabei keine Ruhe, keine geistige Entspannung und kein Glück.

Auch die soziale Stellung garantiert noch kein geistiges Wohlbefinden. Menschen in niederen Stellungen gewährt man nicht einmal das Recht, sich zu äußern. Und jene, die hohe Positionen innehaben, findet man keineswegs immer glücklich und fröhlich vor. Sähe man ihr geistiges

Leid, wäre man erstaunt über das Maß des Leidens, dem sie ausgesetzt sind.

Unter welchen Plagen die Menschen zu leiden haben, offenbaren uns die täglichen Nachrichten aus allen Ländern der Welt. Die ganze Welt erscheint uns wie ein großes Schauhaus des Leidens. Kinder, Jugendliche, Erwachsene und Alte unterliegen gleichermaßen dem Druck des Leidens. Dieses geistige Unbehagen ist weit verbreitet und erfaßt alle Schichten der Gesellschaft. Wie läßt sich geistiges Unbehagen beseitigen? Geistiges Unbehagen wird durch eine falsche geistige Einstellung hervorgerufen. Die eigenen geistigen Aktivitäten wie Sorgen, Depressionen und Gedanken sind die Verursacher von Leiden. Beseitigt werden kann dieses Unbehagen nur durch eigene geistigen Aktivitäten, durch eine andere positive Einstellung. Man muß sich die Fähigkeit erarbeiten, sein Denken in eine andere Richtung zu lenken als bisher.

Wie aber lernt man, den Geist richtig zu führen und richtig zu denken? Welche Einstellungen sollten entwickelt werden, um geistiges Unbehagen und Leiden zu beseitigen?

Die Antworten und das Wissen darüber sind in Religion oder Dharma enthalten. Die eigentliche Natur von Dharma ist, deutlich zu machen, wie man seinen Geist zu führen hat und wie man denken muß, um ihn von Unbehagen zu befreien. Dharma ist somit ein Wissen um die richtige geistige Einstellung und um das richtige Führen des Geistes. Dharma ist kein äußeres Ding und somit kein äußerer Besitz.

Wer Religion oder Dharma wie ein Ausstellungsstück betrachtet und nicht als Verständnis sieht, das der Mensch in sich zu entwickeln hat, der unterliegt einem gewaltigen Irrtum. Nur wer über das, was im Dharma deutlich gemacht wird, nachdenkt und es dann anwendet, lebt im Dharma. Wer viele Bücher liest und eine bestimmte Kleidung trägt, aber nicht entsprechend handelt, lebt nicht in Religion oder Dharma.

Religion ist also ohne Zweifel etwas, womit man sich beschäftigen sollte, weil es einen großen Nutzen für das Leben hat. Und der eigentliche Grund, sich mit Religion zu befassen, ist unser eigenes geistiges Wohlbefinden oder Unbehagen.

Wie ruft nun Religion oder Dharma geistiges Wohlbehagen hervor? Das eigene geistige Unbehagen und Leid werden durch falsche geistige Aktivitäten wie Sorgen, negative und unnötige Gedanken hervorgerufen. Religion oder Dharma zeigt, wie man diese falschen, nutzlosen Einstellungen und Gedanken beseitigen kann, um den Geist zu entspannen und geistiges Wohlbefinden zu erreichen. Die Wirkung des Dharma zeigt sich auch darin, daß das eigene Wohlbefinden auch auf die anderen Mitmenschen ausstrahlt. Und das ist ein weiterer Grund, sich mit Religion zu befassen.

Wir selbst müssen uns Klarheit über die Natur unseres Körpers und Geistes verschaffen, wir müssen Klarheit über unser Leben und über die Wirkungen unseres Lebens auf uns selbst gewinnen. Seit unserer Geburt leben wir, ohne daß wir uns viele Gedanken darüber gemacht haben, und wir werden wahrscheinlich auch genauso weiterleben. Doch eines Tages wird es problematisch.

Eine weitere Notwendigkeit, sich mit Dharma auseinanderzusetzen, ist unser Dasein als Mensch. Wir können in unserer jetzigen Lebensform nicht endlos weiterexistieren. Der junge Mensch wird nicht immer jung, der alte Mensch wird nicht immer ein alter Mensch und der reiche Mensch wird nicht immer reich bleiben. Für jeden kommt früher oder später die Zeit, in der sich seine Situation ändern wird.

Denn der junge Mensch wird eines Tages sterben, der alte Mensch wird eines Tages sterben und der Reiche wird eines Tages seinen Besitz zurücklassen und den Tod erleben müssen. Nun mag die Meinung vorherrschen, daß der Tod nichts anderes ist als eine vollständige Auslöschung des Wesens, ähnlich dem Verschwinden einer Flamme, wenn sie ausgeblasen wird. Und man kann dann zu dem Schluß kommen, daß es wohl das Beste sei, wenn es einem in diesem Leben gutgehe, da alles andere keine weiteren Auswirkungen habe.

Aber diese Gedanken entsprechen nicht der Wirklichkeit. Unser Körper ist die physische Basis unseres Lebens. Der Tod bringt lediglich eine Veränderung der physischen Basis, ist aber keine vollständige Auslöschung.

Wir müssen unser Menschenleben zu Ende leben, und deshalb ist es notwendig, für den Lebensunterhalt zu sorgen. Das ist die eine Aufgabe. Da unsere Lebensspanne begrenzt ist und wir eines Tages aus diesem Leben gehen werden, ist es auch notwendig, Dinge zu tun, die Auswirkungen auf die Zeit nach diesem Leben haben werden. Somit haben wir als Menschen zwei Aufgaben, die unser Dasein bestimmen: Sorge für den Unterhalt des Lebens und Vorbereitung auf die Zeit nach dem Ende dieses Menschenlebens.

Nach dem Tod gibt es nur zwei grundlegende Möglichkeiten: die Existenz in einem angenehmen oder unangenehmen Zustand. Wir bestimmen mit unseren Taten und Handlungen zum gegenwärtigen Zeitpunkt unsere eigene Zukunft. Als Menschen haben wir danach zu streben, unser Leben richtig zu nutzen. Wir sollten unser gegenwärtiges Handeln und Tun so ausrichten, daß es zum Zeitpunkt des Todes von Nutzen sein wird.

Was haben wir zu tun, um unser Leben richtig zu verbringen? Die Antwort liegt im Wissen und Verständnis dessen, was in der Religion oder im Dharma deutlich gemacht wird. Wir haben unser Denken gewissermaßen in Religion oder Dharma einzutauchen, indem wir das Gehörte mit dem eigenen Denken verbinden und das Verstandene dann auch anwenden. Das ist die Art der Vorbereitung, die eine Zukunft nach dem Ende dieses Lebens in angenehmem Dasein ermöglicht.

Beobachten wir unser Handeln und Tun, werden wir erkennen, daß alle Bemühungen lediglich auf das Gegenwärtige gerichtet sind. Unsere Zeit verbringen wir ausschließlich damit, unser gegenwärtiges Leben zu erhalten. Dafür tun wir viele unheilsame Dinge, ohne einen einzigen Gedanken auf das Ende unseres Lebens zu lenken.

Unsere Konzentration auf das gegenwärtige Leben verursacht eine große Zahl von Störungen und Problemen. Wenn unser gegenwärtiges Leben zu Ende geht, dann sind alle Bemühungen, die ausnahmslos auf dieses Leben gerichtet waren, aufgebraucht. Die Auswirkungen der unheilsamen Handlungen, die wir für diese Ziele getan haben, warten noch auf uns. In diesem Dilemma stecken die meisten Menschen. Ich möchte diesen Zusammenhang an einem Beispiel erklären: Jemand hat noch einen Monat in einer bestimmten Stadt zu verbringen, um dann in eine andere zu ziehen. Er wird sich für diesen Monat um genügend Nahrung und eine Unterkunft bemühen. Gleichzeitig wird er alle Vorkehrungen treffen, um sich auf den neuen Aufenthaltsort vorzubereiten. Dieser Mensch, der jetzt noch in der einen Stadt wohnt, dann aber umziehen wird, ist ja derselbe. Würde er innerhalb dieses Monats sein ganzes Vermögen sinnlos ausgeben, so befände er sich am Ende dieser Zeit – ohne Geld für eine Fahrkarte oder für den Lebensunterhalt – in einer schwierigen Situation.

Ich möchte noch einmal daran erinnern, daß man Erklärungen über Dharma nicht mit der gleichen Einstellung hören sollte, mit der man Nachrichtensendungen zuhört. Erklärungen zum Dharma beziehen sich auf einen selbst. Vielleicht wird Ihnen Ihr bisheriges Leben eigenartig vorkommen, wenn Sie es unter diesem Licht betrachten. Was wir bisher getan haben, ist getan, wir können es nicht mehr ungeschehen machen. Wir können aber den festen Entschluß fassen, zukünftig unheilsame Handlungen zu vermeiden, uns der wirklichen Situation entsprechend zu verhalten, dann haben das hier Gesagte und die eigenen Gedanken dazu ihr Ziel erreicht. Denkt man nicht weiter darüber nach und verbringt sein Leben wie gewöhnlich Jahr um Jahr, dann vergehen die Jahre und damit schließlich das ganze Leben, ohne daß etwas wirklich Nützliches erreicht wurde. Das ganze Leben vergeht dann auf einer geistigen und körperlichen Ebene, die dem Leben eines Tieres gleicht.

Bei gewissenhafter Überlegung wird man feststellen können, daß die Auseinandersetzung mit Religion nur zum eigenen Vorteil gereicht. Es ist unser eigener Gewinn oder Verlust, wenn wir uns mit Religion befassen oder wenn wir es nicht tun. Religion wird auf tibetisch „tschö" genannt, auf Sanskrit „Dharma". „Dharma" hat die Bedeutung von „Herausziehen" oder „etwas in die Höhe halten". Woraus soll Religion etwas herausziehen? – Religion soll aus dem Leid herausziehen. Das ist die eigentliche Bedeutung des Wortes „Dharma". Sehr häufig wird dieses Wort mit „Religion" oder „Gesetz" übersetzt.

Es gibt viele Menschen, die den aufrichtigen Wunsch haben, anderen zu helfen. Sie versuchen, deren geistige Probleme zu lindern und ihnen geistiges Wohlbefinden und geistige Ruhe zu ermöglichen. Das ist sehr gut und lobenswert. Um aber wirklich helfen zu können, ist es notwendig, zuerst den eigenen Geist zu beruhigen und in eine friedliche, entspannte und ruhige Lage zu bringen. Ist der eigene Geist unruhig und voller Probleme, dann ist es hoffnungslos, aus einer solchen Situation heraus anderen Menschen helfen zu wollen. Das Gegenteil kann eintreten, der Hilfesuchende wird nur noch verwirrter. Es gibt im Westen viele Menschen, deren Ziel es ist, das geistige Leid der Mitmenschen zu erleichtern und ihnen eine geistige Stütze zu geben. Für diese Menschen ist es sehr wichtig, zuerst den eigenen Geist zu disziplinieren und ihn so in einen positiven Zustand zu bringen. Das ist keine egoistische Einstellung. Denn wenn man den anderen helfen möchte, dann muß man sich zuerst selbst die entsprechenden Fähigkeiten aneignen.

Jeder hat die Freiheit, sich mit Religion oder Dharma zu befassen oder nicht. Es liegt an jedem selbst, über das Gesagte nachzudenken und zu überprüfen, ob sich eine Auseinandersetzung mit den Inhalten des Dharma lohnt oder nicht.

Was sind nun die oft ins Feld geführten Unterschiede zwischen den Religionen des „Westens" und des „Ostens"? Man kann die Auffassung vertreten, daß östliche Religionen dem westlichen Menschen nichts nützen. Umgekehrt kann man der Meinung sein, daß westliche Religionen für den östlichen Menschen unbrauchbar sind. Solche Überlegungen entsprechen nicht der Wirklichkeit. Aus eigenem Unverständnis entstandene Gedankenbilder versperren dem die eigene Sicht, der so denkt. Ein gut zubereitetes Essen aus dem Westen wird den Magen eines hungrigen Asiaten füllen. Ebenso wird ein gut zubereitetes Essen aus Asien den Magen eines hungrigen Abendländers zufriedenstellen. Niemand wird etwas Gegenteiliges behaupten. Das gleiche trifft auch auf Religionen zu.

Das kann am Beispiel des Buddhismus deutlich gemacht werden. Der Buddhismus entstand in Indien und geht auf Buddha Shakyamuni zurück. Damals war Tibet für Indien ein fremdes Land, ähnlich wie heute Europa für Indien fremd ist, eine ganz unterschiedliche Kultur hat. Der in Indien entstandene Buddhismus war auch in Tibet sehr hilfreich. Und wer sich in Tibet dafür interessierte, hat seinen Nutzen daraus ziehen können. Der Buddhismus war nicht nur den Tibetern nützlich, er breitete sich aus bis nach China und der Mongolei. Das gleiche trifft auch auf Interessierte aus dem Westen zu, die sich mit den Lehren des Buddhas beschäftigen.

Ähnlich ist es mit dem Christentum: es hat nicht in Deutschland oder Amerika seinen Ursprung, sondern im Nahen Osten. Obwohl diese Religion aus dem Nahen Osten stammt, wird niemand sagen können, daß sie für die deutsche Bevölkerung oder für die Amerikaner nutzlos sei. Wer sich für das Christentum interessiert und diese Religion anwendet, der wird unabhängig von der Entstehungsregion auch seinen Nutzen daraus ziehen.

Egal, woher wir auch kommen, wir sind alle gleich in der Beziehung, daß wir Menschen sind. Wir sind alle gleich in der Beziehung, daß wir geistiges und physisches Unbehagen mit uns herumtragen und gern davon frei wären. Es ist die Aufgabe der Religion, geistiges Unbehagen und Leid zu lindern und zu beseitigen. Die Natur des menschlichen Geistes ist überall gleich, im Osten wie im Westen. Und so ist Religion für jeden Menschen brauchbar und nützlich, ganz gleich, von welcher Seite des Erdballs die Religion oder der Mensch kommt.

Daseinskreislauf

Unsere Art des Bestehens ist das Existieren im Daseinskreislauf. Es ist sehr wichtig, zu verstehen, was dies heißt:

ein Wesen im Daseinskreislauf mit allen Folgen und Wirkungen zu sein.

Erkennt man diese Zusammenhänge klar, wird einem das eigene Leben und das der anderen in einem wesentlich anderen Licht deutlich. Schwierigkeiten und Probleme des Alltags erscheinen nicht mehr so unlösbar wie bisher, sondern als etwas Kleines und als etwas nicht so Bedeutendes. Über den Daseinskreislauf – auf Sanskrit „Samsara" – gibt es die unterschiedlichsten Vorstellungen. Mancher glaubt, Samsara sei ein bestimmtes anderes Land; andere vergleichen ihn mit den Schwierigkeiten einer großen Familie mit vielen schreienden Kindern. Wieder andere sehen sich selbst als Beobachter des Daseinskreislaufs.

Um einen wirklichen Einblick in den Daseinskreislauf zu bekommen, ist es notwendig, verschiedene Zustände wie das Sterben, den Zwischenzustand Nach-dem-Tod und die Geburt zu betrachten. Zunächst möchte ich auf unseren jetzigen Zustand eingehen. Wir haben eine gewisse Vorstellung von unserer Person. Wir haben ein Konzept, wie wir unsere Identität oder unser Ich verstehen. Dieses Ich befindet sich in uns selbst und stellt einen Teil unseres persönlichen Kontinuums dar. Das Ich wird nicht als etwas empfunden, das außerhalb unseres Selbst existiert. Unter Ich und Person verstehen wir das gleiche, wir empfinden unser Ich nicht als eine andere Identität. „Ich", das sind wir selbst, unsere eigene Person.

Untersucht man dieses Ich, dann wird man ohne Zweifel feststellen, daß es nicht der Körper der Person ist. Jeder bezeichnet seinen Körper als seinen Körper und nicht als Ich. Auch der menschliche Geist ist nicht das Ich. Den eigenen Geist nennt man Geist, nicht „Ich". Es wird uns klar, daß das Ich in Verbindung mit Körper und Geist existiert. Das Ich wird als eigene Identität angesehen, die Angenehmes und Unangenehmes empfinden kann. Gehen wir morgens zur Arbeit, denken wir: Ich gehe zur Arbeit. Dieses Ich, das mit einer kleinen oder großen Aktentasche zur Arbeit geht, ist weder der Körper noch der Geist. Das ist so, mag der Körper noch so groß oder klein sein.

Wir haben einen großen Teil unseres Lebens schon hinter uns gebracht. Die wenigsten Menschen machen sich Gedanken darüber, was ihr Ich eigentlich ausmacht. Was ist das, was ich als „Ich" bezeichne? Ist es der Geist, oder der Körper, oder irgend etwas anderes? Sich über diese Dinge Klarheit zu verschaffen, ist für jeden sehr wichtig und von großem Nutzen.

Jeder von uns hat einen Körper und einen Geist. Die Person selbst existiert in Abhängigkeit von und in Verbindung mit diesem Körper und Geist. Wenn sich Geist und Körper trennen, dann ist dieses Leben beendet. Dieser Vorgang wird Tod genannt.

Sehen wir eine große und stattliche Person, dann sagen wir: das ist ein großer und stattlicher Mensch. Treffen wir jemanden, der klein und dünn ist, sprechen wir von einer schmächtigen Person. In Wirklichkeit ist das, was wir wahrnehmen, nur der Körper dieser Person, aber nicht die Person selbst.

Ein Mensch, der umfangreiche Studien betrieben und sich dabei ein großes Wissen und Verständnis angeeignet hat, wird als eine gelehrte Person betrachtet. Dagegen nennen wir jemanden, der in großer geistiger Dumpfheit lebt, einen dummen Menschen. Das sind Benennungen, wie wir sie in der Umgangssprache benutzen. Alle Wesen existieren in Abhängigkeit von Körper und Geist. Das trifft nicht nur auf den Menschen zu, sondern auch auf das Tier und alle anderen Wesen, seien sie hoch entwickelt oder nicht. Wesen, die im Daseinskreislauf existieren, werden Daseinskreisläufer genannt.

Die Natur des Daseinskreislaufs ist Leiden. Alle Wesen

sind von Geburt an mit Leid verbunden. Sie unterliegen alle unfreiwillig dem Alter, der Krankheit und letztlich dem Tod, ohne die Möglichkeit zu haben, sich diesem Prozeß zu entziehen. Der Tod kann nicht mit einer Flamme verglichen werden, die ausgelöscht wird und verschwindet. Der Körper wird zurückgelassen, während der Geist sich wieder mit einer anderen physischen Form verbindet, die wieder in Leid geboren wird, altert, krank wird und stirbt. Das geschieht alles ohne freien Willen. Dieser ständige unfreiwillige Kreislauf wird Daseinskreislauf genannt.

Wir sind alle Menschen, und als Menschen sind wir zu irgendeinem Zeitpunkt geboren worden. Wir können uns nicht an den Zeitpunkt unserer Geburt erinnern, obwohl die Geburt eine sehr leidvolle Erfahrung gewesen sein muß. Das Kind erfährt bei der Geburt großes Leid. Das ist leicht nachvollziehbar, wenn man sich den empfindlichen Körper eines Kindes betrachtet. Selbst für die Mutter, die einen ausgewachsenen und kräftigen Körper besitzt, ist die Geburt ein schmerzhafter Vorgang. Das Kind macht den gleichen Prozeß durch, hat aber einen wesentlich zerbrechlicheren und empfindlicheren Körper und erfährt dementsprechend größeres Leid als die Mutter.

Seit unserer Geburt sind schon viele Jahre verstrichen. In dieser Zeit lebten wir meistens nicht besonders glücklich. Auch mußten wir mit verschiedenen körperlichen Schwierigkeiten zurechtkommen. Es fällt uns schwer, den eigentlichen Sinn all der Leiden zu verstehen. Wir sind ständig beschäftigt und haben immer etwas zu tun. Fragen wir uns, was wir mit diesem Tun wirklich erreicht haben, werden wir sehr oft feststellen, daß unsere Bemühungen dieser Mühe nicht wert waren. Wir finden kein endgültiges Ziel für diese Tätigkeiten.

Fragen wir uns, was wir in unserem bisherigen Leben getan haben, um zum Zeitpunkt des Todes ruhig zu sterben, werden wir, wenn wir ehrlich sind, wenig finden. Wer sich dagegen in seinem Leben mit Religion oder Dharma beschäftigt hat, dem fällt es leichter, in seinem bisherigen Tun einen Wert zu sehen.

Betrachten wir unser gegenwärtiges Leben. Wir möchten nicht krank werden und werden es dennoch. Wir möchten nicht alt werden und werden dennoch ständig älter. Vor allem möchten wir nicht sterben, doch eines Tages werden unsere Tage gezählt sein. So nähert sich der Tod mit jedem Tag. Wie wir sterben werden, ist nicht vorauszusehen. Auch der Zeitpunkt des Todes ist uns ungewiß. Sicher ist allein, daß wir uns mit jedem Tag, mit jeder Stunde dem Zeitpunkt des Todes nähern.

Im Augenblick besitzen wir einen Körper und einen Geist. Fragen wir nach der eigentlichen Existenz dieser beiden, so lautet die Antwort: Leiden. Die eigentliche Natur von Körper und Geist ist Leiden und Unbehagen. Treten widrige Umstände auf, dann verstärkt sich diese Empfindung von Leid. In anderen, glücklicheren Umständen reduziert sich diese grundlegende Empfindung von Leid. Eine Wunde am Körper verursacht Schmerzen. Berührungen und Stöße von außen bewirken eine Steigerung der Schmerzen. Wenn die Wunde in Ruhe gelassen wird, kann der Heilungsprozeß einsetzen. Dieser günstige Umstand wird ein Abschwächen der Schmerzen mit sich bringen. Wir können unseren Körper mit dieser eben beschriebenen Wunde vergleichen.

Im Augenblick fühlen wir uns wohl und haben keine Schmerzen. Kneift uns jemand in den Arm, spüren wir gleich ein Unbehagen. Das Kneifen des Arms ist ein äußerer Umstand. Daß dieser Umstand Unbehagen verursacht, liegt in der Natur des Körpers. Der Körper ist für die Erfahrung von Leid zugänglich.

Ein zorniger Blick, der uns trifft, oder einige harsche

Worte können uns traurig oder verärgert machen. Trauer und Ärger sind geistiges Leid. Zornige Blicke oder böse Worte sind nur äußere Umstände, die aber sofort Niedergeschlagenheit oder geistiges Leid in irgendeiner Form hervorrufen können. Das ist ein Zeichen dafür, daß die eigentliche Disposition unseres Geistes zum Leiden angelegt ist. Das hier Gesagte ist von jedem selbst auf seine Richtigkeit hin zu überprüfen. Sollten unsere eigenen Erfahrungen damit nicht übereinstimmen, dann dürfen wir unsere Zweifel darüber äußern.

Es ist zwischen Äußerungen bezüglich des Dharma und Äußerungen in bezug auf weltliche Dinge zu unterscheiden. In weltlichen Dingen bemüht man sich, freundlich und höflich zu sein. Ob diese Höflichkeit ehrlich ist oder nicht: Ziel ist es, den anderen nicht zu verärgern, um sich dadurch nicht sein Geschäft zu verderben. Das ist der Gang der Dinge. Selbst wenn es dem anderen nicht so gut geht, lobt man sein gutes Aussehen und gibt ihm Ratschläge, besser auf sich aufzupassen.

Gespräche über Dharma haben einen wesentlich anderen Hintergrund. Aus der Dharma-Blickrichtung gibt es nur eindeutige Aussagen. Etwas ist – oder es ist nicht. Hört man Dharma-Unterweisungen, dann kann es vorkommen, daß man Freude empfindet, wenn das Gesagte mit der eigenen Lebensweise übereinstimmt. Aber es kann einen auch deprimieren, wenn man feststellt, daß dem nicht so ist.

Dharma ist wie ein Spiegel. Wenn unser Gesicht sauber ist, dann sehen wir im Spiegel ein sauberes Gesicht. Ist das Gesicht schmutzig, so zeigt der Spiegel ein schmutziges Gesicht. Mit Dharma verhält es sich genauso. Wir werden nicht immer nur Angenehmes zu hören bekommen. Der Spiegel kann nicht nur dazu benutzt werden, um die eigene Schönheit zu betrachten, sondern auch dazu, um Verschmutzungen zu erkennen und sie dann abzuwaschen. Auch ist es möglich, die Haut mit Puder zu bedecken und so Unebenheiten zu verstecken. Ähnlich ist es mit dem Dharma. Bemerkt man, daß eigene Taten und Handlungen nicht mit dem Dharma übereinstimmen, dann hat man die Freiheit und die Möglichkeit, sie zu ändern.

Welche Qualitäten hatten alle bisherigen Taten und Handlungen? Welche Art von Gedanken hat man geführt? Waren es nützliche oder nutzlose Gedanken? Hat man seine Fähigkeiten in positiver oder negativer Art und Weise verwendet? Wie hat man seine körperlichen Mög-lichkeiten benutzt? Hat man zum Schaden oder zum Nut-zen seiner selbst und der anderen gewirkt? Mit solchen Fragen sollten wir unsere Lebensweise überprüfen. Waren unsere Handlungen in der Vergangenheit heilsam ausge-richtet, ist das ein Grund, sich darüber zu freuen. Wir soll-ten den Entschluß fassen, in der Zukunft weiter in Übe-reinstimmung mit dem Dharma zu leben. Stellen wir aber fest, daß wir durch unsere Lebensweise für uns und andere großen Schaden angerichtet haben, dann ist der Entschluß wichtig, in Zukunft solche Handlungen zu vermeiden.

Meistens machen wir uns wenig Gedanken über die ei-gentliche Natur unseres Bestehens. Wir empfinden unser Bestehen, ohne es genauer zu untersuchen, als etwas sehr Verläßliches, Wirkliches und Solides. Dementsprechend ist auch unser Handeln. Getrieben von dieser Einstellung, verbringen wir unser Leben mit viel Mühe, um die Ziele unseres Lebens zu erreichen. Unsere Aktivitäten sind nicht von dem Wissen geprägt, daß die Natur unseres Be-stehens sehr zerbrechlich und labil ist. Das können wir in vielen Situationen unseres Lebens beobachten. Der Wohl-stand, den wir uns erworben haben, kann von einem auf den anderen Tag verlorengehen. Andere, die in ärmlichen Verhältnissen gelebt haben, können plötzlich zu Reichtum kommen. Wir sehen, daß materieller Wohlstand sehr flüchtig und veränderlich ist. Ähnliches trifft auf die Position zu, die man in der Gesellschaft oder im Beruf anstrebt. Man betrachtet die Position oder den gesellschaftlichen Stand als etwas sehr Stabiles und Erstrebenswertes. Die Wirklichkeit zeigt uns aber, daß man all diese Stellungen und Positionen sehr schnell verlieren kann. Um sich davon zu überzeugen, reicht es schon aus, die Zeitungen zu lesen oder die Nachrichten zu verfolgen.

Ähnliches kann man in zwischenmenschlichen Beziehungen beobachten. Unsere Freunde können wir sehr schnell verlieren, oder sie verwandeln sich in Gegner, die sich gegen uns wenden. Und die, die wir immer für Gegner hielten, können hilfreich und freundlich werden. Wir können in zwischenmenschlichen Beziehungen auf Dauer keine Festigkeit beobachten. Die ärgsten Feinde werden durch kleine Veränderungen äußerer Situationen zu engsten Freunden, denen man seine geheimsten Dinge anvertraut. Unsere Nächsten und Allerliebsten, ohne die wir nicht einen Tag allein leben zu können meinen, sind uns vielleicht bald so zuwider, daß wir ihnen nicht einmal unser Gesicht, sondern nur noch den Rücken zuwenden. Das ist die Natur unseres Daseins. Im Großen können wir es in der Weltpolitik, im Kleinen innerhalb der Familien und an den Streitigkeiten des täglichen Lebens beobachten. Wir kennen es aus unserer eigenen Erfahrung.

Es ist die Natur des Daseinskreislaufs, daß alle Phänomene instabil sind und sich ständig verändern. Das ist nichts Außergewöhnliches und trifft nicht nur auf unsere heutige Zeit zu. Die äußeren Phänomene ändern sich ständig, nur ist uns dies nicht immer bewußt. Wir betrachten die Welt spontan als etwas Beständiges. Aber gerade dadurch, daß wir uns an diese Welt als etwas Beständiges klammern, verursachen wir Veränderungen, die uns nicht gefallen, gerade dadurch entsteht großes Leid. Der Leidensdruck kann so weit gehen, daß aus Verzweiflung darüber der Wunsch entsteht, sich das Leben zu nehmen.

Die Natur des Daseinskreislaufs und damit unseres Lebens ist, daß sich die Phänomene sehr leicht und schnell verändern können. Wenn uns das bewußt ist, können wir uns über angenehme Situationen, über unsere Freunde und über den vorhandenen Wohlstand freuen. Ändern sich dann die Verhältnisse, dann verursachen sie in uns keine großen Störungen und somit kein großes Leid. Das Wissen, daß die Dinge des Lebens nicht so bleiben, wie sie sind, und daß sie sich sehr schnell und leicht verändern können, wird bei einer tatsächlichen Veränderung keine Traurigkeit und Verzweiflung in uns hervorrufen. Auch große Umwälzungen werden uns nicht beeinflussen. Unser Geist bleibt ruhig und ungestört. Eine Person, die an die Beständigkeit der Welt glaubt und daran festhält, wird bei entsprechenden Veränderungen und Umwälzungen leicht zur Verzweiflung getrieben. Das sind Überlegungen über die Unbeständigkeit unseres Daseins in bezug auf unser jetziges Leben.

In unserem jetzigen Leben haben wir Eltern, Verwandte und Freunde. Unsere Freunde können sich verändern, unsere Eltern können aber nicht zu Nicht-Eltern werden oder umgekehrt. Nur wenige Dinge bleiben innerhalb eines Lebens in diesem Sinn beständig. Erweitern wir unseren Ausblick über diese augenblickliche Existenz hinaus und gehen weit in die Vergangenheit zurück und auch weit in die Zukunft voraus, dann wird diese Unbeständigkeit noch deutlicher. Die Beständigkeit der Beziehung zwischen Eltern und Kindern löst sich unter diesem Blick auf. So kann das Wesen in dieser Existenz das Kind bestimmter Eltern sein, in einer anderen Existenz kann es genau umgekehrt sein. In diesem Leben können wir eindeutig zuordnen und sagen: das ist meine Mutter. Oder: das ist mein Sohn. Bindungen, die innerhalb eines Lebens als beständig betrachtet werden können, verlieren ihre Beständigkeit, wenn wir über dieses Leben hinausgehen.

Erkennen wir die eigentliche Natur unseres Daseins, das Leiden im Daseinskreislauf, dann wächst in uns der Wunsch, uns aus allen diesen Schwierigkeiten und Leiden zu befreien. Es ist außerordentlich schwer, die Existenz außerhalb dieses einen Lebensbereiches zu erkennen und nachzuprüfen. Wer durch Überlegungen ein Verständnis oder eine Überzeugung dieser Zusammenhänge gefunden hat, dem werden diese Gedanken eine große Hilfe sein. Wer sich mit solchen Zusammenhängen nicht beschäftigt und sie ignoriert, findet solche Erklärungen aus anderen Kulturkreisen nicht der Wirklichkeit entsprechend. Welche Einstellung wir auch haben mögen, für jeden von uns ist es wichtig, sich mit solchen Gedanken auseinanderzusetzen und klare, stichhaltige Begründungen zu erarbeiten. Wer ohne klare und stichhaltige Begründungen Aussagen macht, drückt lediglich subjektive Ansichten aus.

Von Existenzen außerhalb unseres eigenen Lebens zu sprechen, ist erst dann sinnvoll, wenn wir das Wesen Mensch richtig verstehen – zu verstehen, daß der Mensch aus Körper und Geist besteht. Zuerst sind die Natur des Geistes und seine Funktionen zu begreifen; dann haben wir die Möglichkeit, unser Verständnis über unser jetziges Leben hinaus zu erweitern. Unsere Beschäftigung mit dem menschlichen Geist und seinen Funktionen führt sehr häufig zu dem Schluß, daß die Fähigkeiten des Denkens, der Empfindung, der Wahrnehmung und des Bewußtseins ein Resultat des physischen Körpers sind. Das führt dann zu der Ansicht, daß wir mit dem Tod einer vollständigen Auslöschung unseres Individuums entgegengehen, weil der Körper beim Tod seine Auflösung erfährt. Auch wenn wir die Wirklichkeit nicht ganz durchschauen können, so ist eine Anschauung, die der Wirklichkeit entspricht, zweifellos vorteilhaft in Bezug auf unsere Handlungen. Wir richten unsere Handlungsweise auf die Wirklichkeit aus und können dann auch keine grundsätzlichen Fehler machen. Legen wir unseren Handlungen eine Anschauung zugrunde, die nicht der Wirklichkeit entspricht, besteht die Gefahr, von Grund auf fehlerhaft zu handeln.

Die Meinung, daß der Tod eine vollständige Auflösung des Wesens darstellt, führt zu vielen sinnlosen Handlungen. Solche unheilsamem und negativen Handlungen haben unangenehme Konsequenzen zur Folge.

Wenn von Existenzformen außerhalb dieses Lebens gesprochen wird, wird oft das Wort Wiedergeburt verwendet. Aus christlicher Sicht wird die Wiedergeburt bestritten, während die buddhistische Lehre sie bejaht. Betrachten wir nur diese beiden Aussagen, ohne uns ihre Bedeutung zu vergegenwärtigen, erscheinen sie uns widersprüchlich.

Im Christentum wird aber auch davon gesprochen, daß nach dem Tod eines Menschen das Individuum sich nicnt auflöst; über den Tod hinaus besteht eine Kontinuität, so daß das Wesen dieses Menschen weiterexistiert. Das wird auch im Buddhismus angenommen. So wird also in beiden Religionen deutlich gemacht, daß es nach dem Tod eine andere Art des Weiterbestehens gibt.

Es gibt Berichte von Menschen, die sich in ihrer Kindheit an frühere Existenzen und Begebenheiten erinnern konnten und dies ihrer Umwelt auch mitteilten. Solche Berichte von Erwachsenen wirken auf uns nicht glaubhaft. Ein Kleinkind aber hat weder die Fähigkeit, noch die Absicht, anderen in einem solchen Zusammenhang etwas vorzuspielen. In Tibet war es üblich, Inkarnationen verstorbener Meister zu suchen. Die Bevölkerung hatte großes Interesse daran und beschäftigte sich entsprechend mit diesem Phänomen. Das brachte ein Bewußtsein hervor, das solche Ereignisse ganz wach und aufmerksam verfolgte. Berichte von Kindern, die sich an frühere Existenzen erinnern konnten und davon sprachen, sind nicht selten. Hier im Westen ist das Interesse für diese Zusammenhänge nicht vorhanden, und es ist auch nicht üblich, sich mit diesen Dingen zu beschäftigen. Dies ist der Grund, weshalb solche Begebenheiten hier nicht so bekannt sind.

Die Erwachsenen können sich normalerweise nicht weiter als bis in die frühere Kindheit zurückerinnern. Vereinzelt gibt es Menschen, die durch bestimmte Umstände die Fähigkeit haben, sich weit in die Vergangenheit und über den Beginn dieses Lebens hinaus zu erinnern. Eine Person, die sich an frühere Existenzen erinnern könnte, wäre ein Zeichen dafür, daß es frühere Existenzen gibt. Ist dieses bei einem Wesen der Fall, dann gibt es keine stichhaltigen Begründungen zu sagen, daß es bei den anderen Wesen nicht so sein kann. Haben wir ein Verständnis und eine Überzeugung darüber gewonnen, daß es frühere Existenzen gibt, dann liegt der Schluß nahe, daß es auch nach der gegenwärtigen Existenz weitere, zukünftige geben muß.

Wenn sich jemand an eine frühere Existenz erinnern könnte, dann wäre diese gegenwärtige Existenz eine der vorhergehenden nachfolgende Existenz. So erkennt man, daß es für die vorhergehende Existenz eine nachfolgende Existenz gegeben hat. Nun fällt es uns sehr schwer, eine frühere oder spätere Existenz nachzuweisen. Überlegt man sich aber die verschiedenen Begründungen, dann kann man zu einem positiven Zweifel kommen, der sich dem Gedanken nähert, frühere und spätere Existenzen als wahrscheinlich zu betrachten. Eine solche Einstellung ist sehr nützlich.

Jeder von uns wünscht sich für die Zukunft Wohlergehen. Um aber in der Zukunft Angenehmes zu erfahren, müssen im gegenwärtigen Moment die entsprechenden Ursachen dafür geschaffen werden. Die Überzeugung, daß es frühere und spätere Existenzen gibt, führt zu dem Entschluß, heilsame Dinge zu tun, um heilsame Resultate zu erfahren. Aus dem gleichen Grunde können wir uns entschließen, unheilsame Handlungen zu vermeiden, um leidvollen Konsequenzen aus dem Weg zu gehen.

In unserem Leben versuchen wir, alle möglichen Ziele zu erreichen. Aber es kommt nie dazu, daß wir uns über das Erreichte zufrieden zeigen. Bald schon fallen uns neue Wünsche ein, und wir werden uns neue Ziele stecken. Es scheint, als ob es nie eine wirkliche Zufriedenheit gibt, mit der wir sagen können: Jetzt brauche ich nichts mehr. Das ist ein weiterer Aspekt des Daseinskreislaufs. Die Natur unseres Daseins ist ständige Unzufriedenheit mit dem, was wir haben, und dem, was wir uns noch wünschen. Und indem wir so handeln, vergeht die Zeit, die uns zur Verfügung steht. Wir verwenden unsere Lebenszeit nur, um weltliche Dinge zu erreichen. Die Handlungen, die dabei durchgeführt werden, sind ebenfalls auf weltliche Dinge gerichtet und meistens von unheilsamer Natur.

Das ist unsere gegenwärtige Situation. Unser Leben und das kommende Ende dieses Lebens zeigt uns die Notwendigkeit, sich jetzt richtig zu verhalten. Wir müssen Vorbereitungen treffen, die unserem gegenwärtigen und zukünftigen Leben ein günstiges Vorzeichen geben. Diese Überlegungen erzeugen vielleicht ein ungewohntes Gefühl, sie führen aber dazu, daß man in Zukunft auch mit schwierigeren Situationen zurechtkommen und nicht von ihnen überwältigt werden wird.

Fragen und Antworten

F.: Wenn Kriege nicht Bestandteil einer Religion sind, warum fordert dann z.B. der Koran des Islam zum Krieg gegen die Ungläubigen auf?

A.: Es kommt tatsächlich oft vor, daß im Namen von Religionen Kriege geführt werden. Die eigentliche Natur von Religion aber ist Gewaltfreiheit und somit gegen jede Art von Krieg gerichtet. Das Ziel einer wirklichen Religion ist, allen Wesen von Nutzen zu sein und Wohl zu bringen. Wenn eine Religion lediglich eine Religion dem Namen nach ist, dann können auch andere Dinge vorkommen. Kriege zu führen ist eine unheilsame Handlung. Religion ist dazu bestimmt, dem Menschen den Weg zu heilsamen Handlungen zu weisen. Deshalb wird ein Krieg, der im Namen einer Religion geführt wird, immer eine unheilsame Handlung sein. Ein Krieg ist der Religion entgegengesetzt, da er allen Parteien Leid zufügt. Und kein fühlendes Wesen möchte leiden.

F.: Gibt es im Buddhismus falsch und richtig, gut und böse? Was sind gegebenenfalls die Kriterien dafür? Und wer urteilt darüber?

A.: Zweifellos gibt es im Buddhismus falsch und richtig, gut und böse. Handlungen, die dem Dharma entsprechen, werden als heilsam bezeichnet und sind damit auch richtige Handlungen. Handlungen, die dem Dharma entgegenstehen, werden als unheilsam bezeichnet und sind somit falsche Handlungen. Das ist auf der Grundlage von Ursache und Wirkung zu verstehen. Handlungen stellen Ursachen dar, und diese produzieren Resultate.

Wenn nun das endgültige Resultat einer Handlung Leid

für den Handelnden und für die anderen ist, dann wird diese Handlung als falsch, böse oder unheilsam bezeichnet. Eine Handlung, die als endgültiges Resultat Glück und Wohlbehagen für den Handelnden und für die anderen bringt, wird eine richtige, gute oder heilsame Handlung genannt. Das Kriterium ist dabei das Ergebnis der Handlung. Wenn wir zwei Blumensamen haben und nicht wissen, welcher gelbe und welcher rote Blüten hervorbringt, dann bleibt uns nichts anderes übrig, als die Samen in die Erde zu setzen und zu begießen. Nach einer Zeit kommen die Blumen mit ihren Blüten zum Vorschein. In unserem Leben aber finden solche Verbindungen zwischen Ursache und Wirkung über die Länge eines Lebens statt. Deshalb ist es für uns oft sehr schwer, solche Verbindungen zwischen Ursachen und ihren Wirkungen zu erkennen.

Ein Mensch, der von Mitgefühl, Erbarmen und Zuneigung zu anderen Wesen erfüllt ist und aus diesen Einstellungen heraus handelt, wird als Resultat einen ruhigen Geist haben. Seine Handlungen werden immer auf das Wohl der anderen Wesen ausgerichtet sein. Jemand, der von Bosheit erfüllt ist und anderen Wesen Schaden zufügen möchte, wird auch entsprechende Handlungen ausführen. Seine Bosheit wird ihn selbst unruhig und unglücklich machen. Wir erkennen, daß diese Einstellung ihm selbst und anderen schadet. So lassen sich schon oft in den Wirkungen innerhalb eines Lebens die Auswirkungen von heilsamen und unheilsamen Einstellungen erkennen.

F.: Kann sich ein westlicher Mensch Schaden zufügen, wenn er östliche Praktiken der Meditation anwendet?

A.: Es ist ganz gleich, ob wir aus dem Osten oder Westen stammen. Wenn wir einen Lehrer finden, der uns korrekt in die Meditation einführt und uns den richtigen Weg dazu zeigt, dann werden diese Methoden und die Bemühungen des Schülers sehr nützlich sein und ihm keinen Schaden zufügen. Dabei ist es gleichgültig, ob es ein westlicher oder östlicher Lehrer oder ein westlicher oder östlicher Schüler ist. Es kann sich ein Schüler einem Lehrer anvertrauen, der nur vorgibt, Bescheid zu wissen. Erhält der Schüler keine korrekten Erklärungen, dann werden die Bemühungen des Schülers nutzlos sein oder sogar schädliche Auswirkungen zeigen. Auch hier spielt es keine Rolle, woher der Lehrer oder der Schüler kommt.

Wir sehen, daß die Lehre korrekt und fehlerlos sein muß. Der Unterrichtende selbst hat dem Schüler den richtigen Weg zu zeigen, und der Schüler hat das Gelernte fehlerlos anzuwenden. Diese drei Punkte sind unumgänglich für jeden Erfolg. Werden diese Kriterien nicht befolgt, kann es leicht dazu kommen, daß der Schüler Schaden erleidet. Deshalb ist es wichtig, vorsichtig zu sein. Auch wäre dann die Zeit für diese Bemühungen zu schade.

F.: Gibt es einen Unterschied zwischen tibetischem Buddhismus und der buddhistischen Lehre anderer Regionen?

A.: Der Buddhismus ist in Sri Lanka, Thailand, Hinterindien, China, Japan, der Mongolei und in Tibet verbreitet. Der Buddhismus ist in allen Ländern gleich, er geht auf Buddha Shakyamuni zurück. Unterschiede gibt es jedoch in bezug auf die Vollständigkeit der Unterweisungen, die in den einzelnen Ländern zur Blüte kamen. So werden nicht in allen Ländern alle Richtungen des Buddhismus vollständig gelehrt. In Sri Lanka und Thailand wird hauptsächlich der Hinayana-Buddhismus gelehrt und angewendet. Mahayana oder Mantrayana ist dort nicht verbreitet. In Tibet selbst waren sämtliche Richtungen des

Buddhismus vertreten und wurden dort auch intensiv praktiziert. Der Unterschied zwischen den Ländern besteht lediglich in der Vollständigkeit der Unterweisungen des Buddha, die in diese Länder kamen und dort dann angewendet wurden. Keinen Unterschied gibt es im Inhalt der Unterweisungen.

In diesen Ländern haben die Kleider der Mönche unterschiedliche Farben. In Sri Lanka tragen die Mönche gelbe Gewänder, die Mönche in Tibet tragen rote Gewänder. Das ist eine Sitte, die sich innerhalb des Landes ergeben hat. Es ist nur eine äußere Erscheinung, die nichts mit dem Buddhismus dieser Länder zu tun hat. Die Unterweisungen des Hinayana, die in Thailand gegeben werden, sind genau die gleichen Unterweisungen wie in Tibet.

F.: Wie kann ein Schüler erkennen, daß ein Lehrer ihm den richtigen Weg zur Meditation weist?

A: Wir dürfen nicht alles und jedem glauben, sondern müssen das Gesagte kritisch durchdenken und Begründungen dafür und dagegen aufstellen. Wenden wir die gezeigten Methoden an, ist es notwendig, ihre Wirkungen zu beobachten. Führen die Unterweisungen des Lehrers beim Schüler zu einem ruhigen Geist mit einer heilsamen Einstellung, die ihn zu einem ehrlichen und aufrichtigen Menschen machen, dann ist es ein Zeichen dafür, daß es sich um einen Lehrer handelt, der richtige und nützliche Unterweisungen gibt.

Widersprechen die Unterweisungen aber jeder Vernunft oder führen sie sogar dazu, daß wir immer boshafter und schlechter werden, dann ist es möglich, daß die Unterweisungen nicht korrekt sind.

Es könnte aber auch sein, daß die Unterweisungen nicht richtig verstanden und angewendet worden sind.

Das wäre dann noch zu untersuchen. So tun wir gut daran, nicht alles sofort zu glauben, sondern gut zu überprüfen, ob es der Erfahrung entspricht und den Begründungen standhält.

In den meisten Fällen werden wir mit unserem Wissen in der Lage sein, festzustellen, ob das Gesagte korrekt ist. Wenn uns jemand den Ratschlag gibt, nicht zu denken, dann werden wir bald selbst feststellen können, daß wir so den eigenen Geist nicht weiter entwickeln können. Wenn wir unseren Geist beständig dumpf und leer lassen, wie im Schlaf, dann führt diese Übung auch nur zu schlafähnlichen Resultaten.

F.: Wenn ein vollkommen Erleuchteter aus dem Samsara ausscheidet, existiert sein Ich – individuell – als Substanz ewig weiter?

A.: Ein Wesen, das sich vollständig aus dem Daseinskreislauf befreit hat und die vollständige Erleuchtung erlangt hat, wird kein Leid mehr erfahren, sondern Glück und Wohlbehagen. Die Identität des Wesens bleibt erhalten. Das konventionelle Ich bleibt weiter mit dem Wesen bestehen. Das Wesen selbst wird nicht ausgelöscht, wie fälschlicherweise angenommen wird.

Ich möchte es an einem Beispiel deutlich machen. Jemand leidet Tag und Nacht an Schmerzen. Eines Tages wird er davon befreit. Die Person selbst hat eine Befreiung von diesen Schmerzen erlangt, sie existiert als Person nach wie vor weiter. Ähnlich ist es, wenn eine Person vom Daseinskreislauf befreit wird, sie erlangt eine Befreiung von den Leiden und Schwierigkeiten des Daseinskreislaufs. Die Person selbst existiert nach wie vor weiter.

Durch die Befreiung aus dem Daseinskreislauf sind sämtliche Fehler beseitigt worden. Der Körper eines solchen Wesens wird Reiner Körper genannt. Dieser Körper ist ohne jede Verunreinigung und erfährt Glück und Wohlbehagen.

F.: Im Christentum unterscheidet man Körper, Geist und Seele. In Ihren Erklärungen tritt der Begriff Seele nicht auf. Umfaßt der Begriff Geist ebenfalls die Seele?

A.: Der Mensch ist ein Wesen bestehend aus Körper und Geist. Er hat eine Identität, die von diesem Körper und diesem Geist abhängt. Es wird ein Ich als Benennung auf der Basis von Körper und Geist beschrieben und deutlich gemacht, daß ein solches Ich existiert. Nicht angenommen wird aber eine inhärente Existenz einer solchen Identität, die ohne jede Abhängigkeit vom Wesen selbst her vorhanden sein soll. Die Seele wird oft mit der Identität des Körpers und des Geistes oder mit der einer inhärenten Existenz verglichen. Ob die Seele mit der einen oder der anderen Auffassung gleichgesetzt werden soll, überlasse ich jedem selbst zur Beurteilung. In dem einem Fall würde man sagen, die Seele existiert, im anderen Fall hätte sie keine Existenz.

Alle Wesen sind insofern gleich, als sie in Abhängigkeit von heilsamen Ursachen Angenehmes und in Abhängigkeit von unheilsamen Ursachen Unangenehmes erfahren. Dabei ist es gleichgültig, ob das Wesen als Mensch, Tier oder göttliches Wesen existiert.

F.: Wann und warum hat der Daseinskreislauf begonnen?

A.: In den Erklärungen im Buddhismus wird diese Frage im Zusammenhang mit der Natur des Geistes gesehen. Bei der Untersuchung der Natur des Geistes kann festgestellt werden, daß der Geist eines Individuums, sein

Geistkontinuum, keinen Anfang haben kann. Wenn das Geistkontinuum eines Wesens anfanglos ist, ist auch der Daseinskreislauf selbst anfanglos. Da der Daseinskreislauf ohne Anfang ist, gibt es auch keine Ursachen für seinen Anfang.

Ein kleines Kind in unseren Armen finden wir niedlich, herzig und jung. In Wirklichkeit ist dieses junge Wesen vor kurzer Zeit noch als alter Mann oder alte Frau, gestützt auf zwei Krücken, durch die Welt gegangen. Es wird uns bewußt, daß das eigentliche Wesen des Kindes in unseren Armen aus einer früheren Existenz gekommen ist. Und das davor existierende Wesen muß ebenfalls aus einer früheren Existenz gekommen sein. So führt eine frühere Existenz zu einer späteren. Dadurch wird deutlich, daß es keinen Anfang in dieser Beziehung geben kann.

Die abhängige Existenz

Wir befinden uns alle im Daseinskreislauf oder Samsara. Unter Samsara versteht man nicht ein anderes Land, sondern eine Existenz, die ihrer Natur nach leidhaft ist. Dies zeigt sich am unfreiwilligen Geborenwerden, am Altern, Krankwerden und Sterben in ständiger Wiederholung. Eine weitere Eigenschaft der Existenz im Daseinskreislauf ist, daß sie voller Unsicherheiten und nicht stabil ist. Manche dieser Zusammenhänge können wir leicht einsehen, andere sind uns weniger greifbar.

Die Existenz im Daseinskreislauf bedeutet auch, daß der Geist nicht endlos mit dem Körper in Verbindung bleiben wird. Er wird den Körper wieder verlassen, um auf einer anderen physischen Basis zu existieren.

Wir haben in unserem Leben schon viele Schuhe besessen. Unsere Füße sind mehr oder weniger gleichgeblieben, während die Schuhe immer wieder wechselten. So ähnlich geht das Leben von einer Existenz zur anderen. Manchmal besitzen wir sehr gute Schuhe, manchmal weniger gute. Mal sind die Schuhe weich und angenehm zu tragen, und manchmal drücken sie unsere Füße. Solche Erfahrungen mit seinen Schuhen hat jeder schon gemacht.

Ähnlich wie in diesem Beispiel gezeigt, wechselt das Wesen seine physische Basis von einer Existenz zur anderen. Ich habe in diesem Beispiel die Füße mit dem Geist verglichen und die Schuhe mit der physischen Basis des Körpers. Das Wesen ist kein beständiges Phänomen, es unterliegt einem ständigen Wechsel. Dagegen ist die Kontinuität des Wesens unbegrenzt. Sie erstreckt sich unendlich in die Zukunft.

Ein Wesen setzt sich aus Körper und Geist zusammen. In Abhängigkeit von Körper und Geist wird auch die Person, die Identität des Wesens erfaßt und benannt. Der Körper bildet die Basis für den Geist, er ist die Grundlage, und der Geist hängt somit vom Körper ab. Das Wesen oder die Identität einer Person wird auf der Basis von Körper und Geist erfaßt. Im allgemeinen ist es so, daß ein kräftiger und gesunder Körper auch einen kräftigen und klaren Geist hat. Da der Geist vom Körper abhängig ist, wird eine Schwächung des Körpers auch zu einer Schwächung des Geistes führen. In unserer Jugend ist der Körper gesund und kräftig und der Geist scharf und klar. Im Alter, wenn der Körper an Kraft verliert, verliert auch der Geist an Klarheit, und die Fähigkeit, sich zu erinnern, läßt nach. Das ist ein allgemeiner Prozeß, wie wir ihn jederzeit beobachten können.

Viele alte Menschen klagen über ihr nachlassendes Gedächtnis und ihren unklaren Geist. Der Grund dafür ist der Abbau der Kraft und der Fähigkeiten des Körpers, der die Basis für den Geist bildet. Gelingt es, den Geist durch

Schulung und Anwendung von Dharma zu entwickeln, kann die Fähigkeit erlangt werden, einen starken und klaren Geist beizubehalten, ganz gleich, welche Verwandlungen der Körper auch durchmacht. Ohne dieses Training wird der Geist den Veränderungen des Körpers folgen.

Wir haben davon gesprochen, wie notwendig es ist, Religion auszuüben. Es liegt an jedem selbst, sich damit zu befassen. Wann sollte man mit der Schulung des Geistes beginnen? Die Antwort lautet: sofort. Zum gegenwärtigen Zeitpunkt stehen die Fähigkeiten von Körper und Geist voll zur Verfügung. Läßt man diesen Zeitraum nutzlos verstreichen, dann wird eines Tages der Zeitpunkt kommen, wo die Fähigkeiten des Körpers und Geistes nachlassen, und wo wir nicht einmal mehr weltliche Arbeiten werden ausführen können. Dann wird uns die Anwendung von Dharma noch schwerer fallen. Viele sind der Meinung, die junge, kräftige und gesunde Zeit der Jugend auszuleben und für Vergnügungen zu benutzen. Wenn man dann im Alter diesen Vergnügungen nicht mehr nachgehen kann, kann man sich immer noch mit Religion beschäftigen. Doch das ist ein großer Irrtum. Der richtige Zeitpunkt, sich mit Religion oder Dharma zu beschäftigen, ist der, der uns alle Möglichkeiten dazu zur Verfügung stellt. Wenn wir nicht im Dharma geübt sind, dann wird es uns später sehr schwer fallen, es anzuwenden. Die Schulung des Geistes in frühen Jahren führt dazu, daß die Anwendung des Gelernten ganz einfach sein wird.

Viele Menschen bezeichnen sich als Christen und folgen ihrem christlichen Glauben. Sie üben ihre christliche Religion aktiv aus. Das ist sehr gut, weil es hilfreich und nützlich ist. Andere Menschen bezeichnen sich als Buddhisten und üben sich entsprechend ihrer Religion. Auch das ist gut. Die Ausübung der eigenen Religion ist richtig und gut, wenn einem selbst und anderen kein Schaden zugefügt wird. Fügt man sich und anderen Schaden zu, ist es besser, sich davon abzuwenden, auch wenn die Lehre den Namen einer Religion trägt.

Es gibt Menschen, die sich nicht in eine religiöse Ordnung einfügen lassen. Sie möchten weder Christ noch Buddhist sein. Das aber ist nicht wesentlich. Um Religion oder Dharma auszuüben, ist es nicht unbedingt notwendig, einer religiösen Organisation anzugehören. Sammelt jemand heilsame Ursachen an, die die Fähigkeit haben, in der Zukunft Wohlbehagen und Glück zu erbringen, so übt sich ein solcher Mensch in Religion oder Dharma. Er vermeidet bewußt alle Ursachen, die in Zukunft Leiden für ihn und andere erzeugen.

Karma

Wie und womit kann Dharma ausgeübt werden? Das ist einfach. Es stehen verschiedene Mittel zur Verfügung. Wir besitzen einen Körper, den wir uns nicht erst für viel Geld haben kaufen müssen. Wir besitzen einen Geist; auch den brauchen wir nicht erst kostspielig zu erstehen. Dann haben wir noch die Fähigkeit der Sprache. Benutzen wir unseren Körper, unsere Sprache und unseren Geist für heilsame Handlungen, dann wird dieser Gebrauch korrekt und fehlerlos und bildet die Ursache für Wohlbehagen und Glück in der Zukunft. Verwenden wir unseren Körper, unsere Rede und unseren Geist für unheilsame Dinge, dann werden Ursachen geschaffen, die in der Zukunft nur Leiden hervorrufen können.

Eine Handlung durch Körper, Rede und Geist hat im Dharma einen ganz bestimmten Namen: auf Sanskrit heißt er ‚Karma‘. Karma bedeutet nichts anderes als Handlung von Körper, Rede und Geist. Heilsame Handlungen sind die Ursache für Wohlbehagen und Glück in der Zukunft. Unheilsame Handlungen sind die Ursachen von Leid und Unbehagen.

Es wird oft von heilsamem und unheilsamem Karma, von Ansammeln oder Produzieren von Karma gesprochen. Gemeint ist, heilsame und unheilsame Handlungen durchzuführen. Ein korrektes Bemühen im Dharma ist zum Beispiel eine Einstellung, die anderen unter keinen Umständen ein Leid zufügen möchte, die selbst den Wunsch danach aufgibt. Wenn wir das Ziel von Angriffen werden, fühlen wir uns nicht wohl, wir sind bedrückt und traurig. So geht es auch den anderen. Eben deshalb sollten wir anderen nichts zuleide tun und selbst den Wunsch danach vermeiden. Ein solcher Gedanke ist eine geistige Handlung. Der Geist nimmt einen bestimmten Inhalt auf. Diese Einstellung kann dahin erweitert werden, dem anderen nicht nur kein Leid zuzufügen, sondern ihm sogar zu helfen und von Nutzen zu sein. Solche Gedanken sind geistige Handlungen. Sie werden geistiges Karma genannt.

Die Einstellung, anderen keinen Schaden zuzufügen, ist auf alle Wesen, Menschen und Tiere, auszudehnen. Würde man sich nur den Menschen gegenüber so verhalten, den Tieren aber weiterhin Leid zufügen, dann wäre diese Einstellung ganz falsch. Würden wir nur denen helfen, die uns nahestehen und die wir mögen, den anderen aber Leid zufügen, wäre unsere Einstellung sehr weltlich und hätte auch nichts mit einer heilsamen Handlung zu tun, wie sie im Dharma beschrieben wird. Dabei ist es wichtig, den Wunsch zur Hilfe zu wecken, auch wenn wir nicht dazu kommen, diesen Wunsch in die Tat umzusetzen. Eine solche Einstellung zu entwickeln, ist eine der besten geistigen Aktivitäten und Handlungen, die man durchführen kann, da sie die Ursachen in sich trägt, der Person selbst in Zukunft Wohlbehagen und Glück zu geben. Auch aus weltlicher Sicht wird eine solche Haltung als edel betrachtet.

Die Gedanken im Geist und die Handlungen laufen synchron. Sobald die Gedanken beendet sind, sind auch die Handlungen beendet. Obwohl die Handlung selbst beendet ist, hinterläßt sie nach ihrem Aufhören einen Eindruck im Geist. Dieser Eindruck hat das Potential, in Zukunft Resultate hervorzubringen. Bei diesem Vorgang ist die geistige Einstellung das Wichtigste. Die geistige Einstellung des Wohlwollens anderen gegenüber und die damit verbundene körperliche Handlung, den anderen Wohlwollen zukommen zu lassen, stellen eine heilsame körperliche Handlung dar. Man spricht von körperlich heilsamem Karma. Dabei ist es nicht wichtig, Großtaten zu vollführen, selbst einfache Handlungen haben die gleiche Wirkung: etwa indem man Tiere füttert oder sie vom Tod rettet, indem man nicht auf sie tritt. Wenn wir unserem Hund, den wir sehr lieben, eine große Freude bereiten wollen, indem wir ihm einen Hasen schlachten, dann ist diese Handlung nicht heilsam.

Die körperliche Handlung selbst hinterläßt nach ihrer Beendigung einen Eindruck im Geist, der die Fähigkeit hat, der handelnden Person in der Zukunft entsprechende Resultate zu verschaffen. Genauso verhält es sich auch mit der Sprache. Wir können die Fähigkeit des Redens zum Wohle der anderen in verschiedener Art und Weise benutzen. So können wir anderen mit Erklärungen über Dharma, aber auch durch einfache Dinge nützlich sein: zum Beispiel indem wir auf Fragen gute Auskünfte geben. Mit der Beendigung des Sprechens ist auch die Handlung des Sprechens beendet. Auch diese Handlung hinterläßt einen Eindruck im Geist, der das Potential hat, in der Zukunft entsprechende Resultate hervorzubringen.

Es gibt viele Arten, Dharma auszuüben, grundlegende

und sehr anspruchsvolle Methoden. Alle Bemühungen im Dharma werden immer in Verbindung mit Geist, Rede und Körper sein. Richtet man seine Handlungen nach einer Religion oder Dharma aus, dann werden die Handlungen von Körper, Rede und Geist heilsam sein. Bekennt man sich zu keiner Religion, verwendet aber den Geist, die Rede und den Körper in einer heilsamen Weise, dann ist es ebenfalls eine Ausübung von Dharma. Umgekehrt ist es genauso. Gehören wir einer Religionsgemeinschaft an, handeln aber wie ein böses Ungeheuer, dann nützt uns diese Mitgliedschaft gar nichts. Wir sagen zwar, wir seien religiös, aber die eigenen Handlungen zeigen deutlich, daß wir Religion in keiner Weise anwenden.

Je intensiver und öfter wir heilsame Handlungen und Gedanken von Geist, Rede und Körper durchführen, desto stärkere Eindrücke werden hinterlassen und um so wirksamer wird das positive Resultat sein, das sie hervorbringen können. Alle Bemühungen, anderen von Nutzen zu sein, sind heilsam. Verstärkt werden solche Handlungen durch die Motivation wie Erbarmen, Mitgefühl und Zuneigung.

Wird dagegen der Geist durch Einstellungen wie Begierde, Haß und Wut motiviert, führt das zu negativen geistigen Handlungen. Unter dem Einfluß von Wut, Haß und Begierde wird man anderen Leid zufügen, ihnen etwas wegnehmen oder zerstören wollen. Aus einer solchen Einstellung entstehen negative verbale und physische Handlungen. Die negativen Gedanken und die damit verbundenen geistigen Aktivitäten hinterlassen entsprechende Potentiale oder Eindrücke im Geist, die die Fähigkeit haben, in der Zukunft unangenehme Resultate hervorzubringen.

Beobachten wir einmal unsere eigenen Gedanken, so werden wir sehr leicht feststellen können, zu welcher Art von Gedanken und Handlungen die auftretenden Einstellungen gehören. Werden unsere Gedanken von Begierde und Verlangen nach Besitz, Körper oder Land geleitet, dann sind diese Einstellungen unheilsam und die daraus folgenden physischen und verbalen Aktivitäten negativ. Unehrlichen Einstellungen folgen Handlungen, die den anderen und einem selbst Leiden zufügen werden. Sie sind die Ursache dafür, daß für den Handelnden in der Zukunft unangenehme und leidvolle Situationen folgen werden. Das Gesagte trifft auf körperliche und verbale Handlungen zu. Fügen wir durch körperliche Handlungen anderen Leid zu, dann werden negative Eindrücke in unserem Geist hinterlassen. Genau das gleiche gilt, wenn wir mit der Fähigkeit unserer Sprache anderen Schaden zufügen. Der eigene Körper, die eigene Rede und der eigene Geist gehören einem selbst. Wenn wir sie auf eine negative Art und Weise verwenden, werden die Eindrücke oder die negativen Samen, die sie hinterlassen, im eigenen Geistkontinuum gespeichert bleiben und die Ursache für Leiden sein.

Wir werden uns dann nicht damit herausreden können, diese oder jene negativen Handlungen nur zum Wohl anderer getan zu haben. Wenn wir diese Handlungen selbst getan haben, dann werden nicht nur die anderen, sondern wir selbst die Konsequenzen dieser Handlungen erfahren. Wir haben die Freiheit, unseren Geist, unsere Rede und unseren Körper zu verwenden. Deshalb können wir auch selbst entscheiden, ob wir sie hauptsächlich dafür verwenden möchten, heilsame Handlungen durchzuführen und unheilsame zu vermeiden. Wir haben die Freiheit, Heilsames zu denken. Niemand kann uns zwingen, Böses zu denken, da Gedanken nicht zu sehen sind und von anderen nicht so leicht wahrgenommen werden können. Dagegen können verbale und körperliche Handlungen leicht beobachtet werden. Aber der körperliche Ausdruck und der geistige Inhalt einer Handlung können bei Menschen auseinanderklaffen.

Es gibt Gedanken und damit verbundene verbale und physische Handlungen, die weder heilsam noch unheilsam sind. Sie werden als neutrale Handlungen bezeichnet. Diese führen auch zum neutralen Karma. Das sind Gedanken wie: Ich gehe zur Arbeit, ich gehe spazieren oder ich möchte dieses und jenes tun.

Ich möchte die Funktionsweise des Geistes und der positiven und negativen Handlungen an einem Vergleich verdeutlichen. Auf einem Feld werden verschiedene Samen gesät. Es sind Samen von Heilkräutern und Giftpflanzen. In diesem Vergleich entspricht das Feld dem Geist, und die Samen sind die Potentiale, die von heilsamen und unheilsamen Handlungen hinterlassen werden.

Jeder sollte sich die Mühe machen und sich genau überlegen, welche Art von Handlungen in der Vergangenheit ausgeführt worden sind. Waren die heilsamen oder unheilsamen Handlungen in der Überzahl? Stellen wir fest, daß die heilsamen Handlungen überwiegen, ist es ein Grund, sich darüber zu freuen. Überwiegen dagegen die unheilsamen Handlungen, gibt es keinen Grund zur Freude. Aber wir können uns entscheiden, wie wir in Zukunft unsere Fähigkeiten von Körper, Rede und Geist benutzen wollen. Erkennen wir, daß die unheilsamen Handlungen in der Vergangenheit sehr häufig waren, dann brauchen wir deswegen noch nicht zu verzweifeln. Denn den Potentialen, die durch unheilsame Handlungen gesetzt wurden, kann durch bestimmte Methoden und Übungen die Kraft genommen werden, so daß ihre Resultate nicht mehr zur Geltung kommen können.

Sät jemand auf seinem Feld die Samen einer giftigen Pflanze, dann muß er sich anschließend nicht grämen und denken: „Jetzt habe ich so viele giftige Pflanzen gesät, was wird wohl daraus werden?" – Er hat die Möglichkeit, die Samen, bevor sie ihre Früchte tragen, zu entfernen. Tut er das nicht, wird er allerdings die giftigen Früchte ernten. Solange wir die vollen Fähigkeiten von Körper und Geist besitzen, ist es wichtig, diese Fähigkeiten auch zur Anwendung und Ausübung von Dharma zu benutzen. Das ist unser eigener Vorteil. Haben wir den Eindruck, daß dem nicht so ist, dann brauchen wir uns selbstverständlich nicht mit Dharma auseinanderzusetzen.

In der Vergangenheit wurden durch die verschiedenen Handlungen, die wir durchgeführt haben, positive und negative Eindrücke im Kontinuum des Geistes hinterlassen. Wenn wir gegenwärtig und zukünftig heilsame Einstellungen entwickeln und uns bemühen, heilsam zu handeln, dann hinterlassen diese Handlungen wieder neue Eindrücke im Geist. Diese neuen Eindrücke bewirken eine Verstärkung der positiven Eindrücke, die in der Vergangenheit gesetzt wurden. Denken und handeln wir unheilsam, dann wirken sich diese negativen Handlungen verstärkt auf die negativen Eindrücke, die durch vorhergehende negative Handlungen gesetzt worden sind, aus.

Nehmen wir wieder unser Beispiel: Wir haben auf unser Feld die Samen von giftigen Pflanzen und heilenden Kräutern gesät. Versorgen wir nur die Samen der giftigen Pflanzen mit Dünger und Feuchtigkeit, dann werden selbstverständlich diese zuerst sprießen und zur Reife kommen, während die Samen der Heilkräuter ihre Erträge erst wesentlich später hervorbringen. Behandeln wir dagegen die Heilkräuter mit Dünger und Feuchtigkeit, dann wird sich der Vorgang zum Vorteil der Heilpflanzen wenden.

Genauso bestimmen die gegenwärtigen Handlungen und Bemühungen der eigenen Person eine Verstärkung der Eindrücke von positiven und negativen Handlungen, die in der Vergangenheit schon angesammelt wurden. Ähnlich wie in der Natur gutes Saatgut gute Ernten, mittleres Saatgut mittlere Ernten und schlechtes Saatgut schlechte

Ernten erbringt, so verursachen starke Eindrücke im Geist auch starke Wirkungen. Wir können uns noch so bemühen, schlechtes Saatgut wird nicht die gleiche Ernte wie gutes Saatgut erbringen. Diese Erfahrung hat sicherlich schon jeder gemacht. Mittlere heilsame oder unheilsame Eindrücke werden ensprechend mittlere Resultate, schwache positive oder negative Eindrücke werden nur schwache angenehme oder leidvolle Wirkungen hervorbringen.

Eine Anschauung, die von positiven und negativen Ursachen gleiche Wirkungen erwartet, entbehrt jeder Logik. Durch sehr starke negative Eindrücke wird eine Existenz im elenden Dasein hervorgerufen, was man vielleicht als Hölle bezeichnen kann. Mittlere negative Eindrücke haben eine Existenz als ‚Preta‘ oder ‚Hungriger Geist‘ zur Folge. Schwache negative Eindrücke bringen eine Existenz als Tier hervor. Die verschieden starken positiven Eindrücke führen zu Existenzen als göttliche Wesen, sogenannte Asuras oder Halbgötter. Werden keine Ursachen erzeugt, dann werden auch keine Wirkungen erfahren, sosehr wir es uns auch wünschen.

Die hier ausgeführten Zusammenhänge sollten genauer und in umfangreicheren Einzelheiten studiert und verstanden werden, damit daraus eine eigene Überzeugung erwächst. Ohne diese Arbeit wird das Gesagte fremd bleiben und vielleicht sogar Ablehnung hervorrufen.

Vergänglichkeit

Unser Leben ist nicht unbegrenzt. Eines Tages kommt unweigerlich der Zeitpunkt, wo wir unseren ganzen Besitz, alle unsere Freunde, selbst unseren eigenen Körper hinter uns lassen müssen. Zum Zeitpunkt des Todes nützt uns unser ganzer Wohlstand nichts. Wir werden ihn nicht einmal mehr betrachten und schon gar nicht mitnehmen können. Besäße jemand so viel Nahrungsmittel, daß er ein ganzes Land davon ernähren könnte, zum Zeitpunkt des Todes würde ihm nicht einmal ein Krümel davon von Nutzen sein. Auch für Freunde und Bekannte, seien es noch so viele, gilt: Am Ende des Lebens werden wir uns nicht mehr auf sie stützen können. Nicht einmal ein Bild der nächsten Verwandten können wir mitnehmen.

Auch unseren Körper, der mit dem Geist verbunden ist und der uns das ganze Leben begleitet hat, können wir nicht mit uns nehmen. Wir werden ihn zurücklassen müssen. Das ist uns alles bekannt. Betrachten wir unseren Besitz, dann können wir zu den verschiedenen Dingen sagen, daß wir das eine vom Vater, das andere von der Mutter oder von der Großmutter geerbt haben. Damit wird uns bewußt, daß der Vater, die Mutter und die Großmutter gegangen sind, ohne diese Dinge mitgenommen zu haben. Der Ort, wo sich die Asche oder der Leichnam einer Person befindet, nennen wir das Grab dieser Person. Daran sieht man deutlich, daß diese Person ihren Körper nicht mitgenommen hat, sondern zurücklassen mußte.

Das ist die Wirklichkeit, so wie wir sie kennen. Aber die Einstellung der Menschen stimmt nicht mit dieser Wirklichkeit überein. Immer verlangt der Mensch nach mehr, auch wenn er schon einen großen Besitz hat. Trotzdem kann er nur einen ganz kleinen Bruchteil dessen, was er hat, tatsächlich benutzen. Mit seinem Tod wird er alles zurücklassen müssen. In dieser Situation gleichen wir einem Hund, der eifersüchtig einen Gegenstand bewacht, den nur ein Mensch benutzen kann.

Über Dharma zu sprechen heißt, die Wirklichkeit zu beschreiben. Das ist nicht immer angenehm zu hören. An den gezeigten Beispielen wird deutlich geworden sein, daß es der Wirklichkeit entspricht, wenn gesagt wird, daß der Besitz, die Freunde und der eigene Körper nicht über das Lebensende hinaus mitgenommen werden können. Wenn dem so ist, was ist uns dann über dieses Leben hinaus von Nutzen oder Schaden? Darauf gibt es eine eindeutige und klare Antwort. Am Ende dieses Lebens nützen uns nur die positiven Eindrücke, die durch positive Handlungen während des Lebens auf das Geistkontinuum gewirkt haben. Von Schaden sind die negativen Eindrücke, die durch unheilsame Handlungen dem Geistkontinuum auferlegt wurden.

Wie sollte man nun sein Leben der Wirklichkeit am besten anpassen? Da gibt es verschiedene Möglichkeiten: Aus meiner Sicht ist die erste Möglichkeit dazu eine religiöse. Man bringt innerhalb der eigenen Religion Opfergaben dar und bittet um Unterstützung.

Eine weitere Möglichkeit ist, anderen Wesen in schwierigen Situationen nützlich zu sein. Man sollte jetzt schon damit beginnen, sich bis an sein Lebensende nicht an weltliche Dinge zu hängen, die einem nach dem Tode ohnehin nichts nützen.

Am Ende des Lebens sollte man von solchem Besitz frei sein. Denn wenn wir dann bemerken, daß uns der Tod bevorsteht, werden wir uns nicht entspannen können. Unsere Gedanken werden um all die Dinge kreisen, die uns teuer und wert sind und die wir nicht mit uns mitnehmen können. Das Verlangen, diese Dinge behalten zu wollen, verstärkt dann die negativen Eindrücke, die wir während unseres Lebens oder noch davor angesammelt haben, und verstärkt die negativen Potentiale.

Die Beziehung von Geist und Körper

Der Geist hat eine sehr enge Beziehung zu unserem Körper. Unser Körper besteht aus vier Urstoffen: aus Festigkeit, Feuchtigkeit, Wärme und Energien. Sie werden auch das Erdelement, das Wasserelement, das Feuerelement und das Windelement genannt. Diese vier Urstoffe bilden damit auch die Grundlage für den Geist. Solange sie dem Geist eine feste Basis bilden, sind wir gesund und stark. Wenn die Fähigkeit der Urstoffe nachläßt, die Basis für den Geist zu bilden, werden wir krank. Deshalb ist es sehr wichtig, auf die Gesundheit des Körpers zu achten. Was ist unserer Gesundheit förderlich? Um unseren Körper zu erhalten, müssen wir ihm Nahrung und Flüssigkeit zuführen. Die Nahrung wirkt auf die vier inneren Urstoffe. Die Nahrung besteht selbst auch aus diesen vier Urstoffen. Dadurch entsteht eine Wechselwirkung zwischen den inneren und äußeren Urstoffen. Wenn die inneren und äußeren Urstoffe eine gute Wechselwirkung haben, ist der Körper gesund. Stimmen die äußeren und inneren Urstoffe nicht überein, werden wir krank.

Auch besteht eine große Wechselwirkung zwischen den äußeren Urstoffen, den inneren Urstoffen und dem Geist. Durch eine Veränderung der äußeren Urstoffe werden auch die inneren beeinflußt. Diese können wiederum den Zustand des Geistes beeinträchtigen. So können äußere Einflüsse der vier Urstoffe Ursache für Traurigkeit, Depression oder aber Fröhlichkeit sein.

Wir alle wünschen uns ein langes und gesundes Leben. Um das zu erreichen, müssen wir uns ständig um unseren Lebensunterhalt und unsere Gesundheit kümmern. Wir haben auf unsere Ernährung, auf die medizinische Versorgung und die innere und äußere Gesundheit zu achten. Und so kümmern wir uns mit Recht um unser eigenes körperliches Wohlbefinden. Die meisten Krankheiten, unter denen wir leiden, werden durch Unstimmigkeiten zwischen den äußeren und inneren Urstoffen verursacht.

So sehr wir uns auch anstrengen und bemühen, unsere Gesundheit zu erhalten: Eines Tages kommt der Zeitpunkt, wo die inneren Urstoffe ganz von selbst und ohne äußeren Einfluß ihre Kraft verlieren und damit das Ende des Lebens einleiten. Um diesem Zeitpunkt so günstig wie möglich zu begegnen, müssen wir alle Handlungen heilsam und intensiv durchführen, unheilsame Handlungen weitgehend unterlassen und die Gesundheit des Körpers stärken.

Wenn der Tod sich deutlich bemerkbar macht, kann kein Arzt und keine eigene Anstrengung mehr helfen. Zu diesem Zeitpunkt ist es sehr wichtig, die Handlungen des Körpers, der Rede und vor allem des Geistes heilsam zu erhalten. Das wird uns nur gelingen, wenn wir bereits während unseres Lebens unseren Geist einer ständigen Schulung unterzogen haben. Im späten Alter und zum Zeitpunkt des Todes haben wir nicht mehr die Kraft zu solchen Übungen. Während des Sterbevorgangs sollten nur heilsame Gedanken eine Rolle spielen. Auf keinen Fall sollten unsere Gedanken in eine unheilsame Richtung gehen.

Wir wissen, daß Samen schneller sprießen und zur Reifung kommen, wenn sie Feuchtigkeit und Dünger erhalten. So wirkt es auch im Todesvorgang. Die heilsamen Gedanken und Handlungen, die wir durchgeführt haben, sind gewissermaßen die Düngung der positiven Eindrücke, die im Geistkontinuum vorhanden sind. Dadurch werden sie schneller zur Reifung gebracht. Die unheilsamen Gedanken zum Zeitpunkt des Todes leiten eine Reifung der unheilsamen Eindrücke im Geistkontinuum ein. Je näher der Zeitpunkt des Todes kommt, desto schwächer wird das Bewußtsein des Sterbenden. In dieser Situation könnte ein wirklicher Freund dem Sterbenden eine große Hilfe sein. Diese Person sollte dem Sterbenden mit sanften Worten immer wieder Mut machen und ihm die Furcht vor dem Sterben nehmen. Die Worte des Freundes sollen den Sterbenden auf heilsame Gedanken bringen. Wenn das gelingt, dann werden die negativen Eindrücke, die im Bewußtsein vorhanden sind, wie trockene Samen weiter vorhanden bleiben, ohne daß ihre Wirkungen dann ausreifen. Die heilsamen Eindrücke können dann zur Reifung gelangen und zu einer Existenz in angenehme Daseinsbereiche – wie die der Menschen – führen.

Dagegen bewirken negative Eindrücke eine Existenz in den drei Bereichen des elenden Daseins. Wenn im Prozeß des Todes die unheilsamen Gedanken im Geist dominieren, dann werden diese unheilsamen Gedanken eine Reifung der negativen Eindrücke mit sich bringen. Die angesammelten positiven Eindrücke im Kontinuum des Geistes bleiben vorhanden, ihre Wirkungen kommen dann aber nicht zur Geltung.

Es gibt verschiedene Ursachen, die die negativen Eindrücke zu diesem Zeitpunkt sehr leicht verstärken können. Wer sich während des Sterbevorgangs an die Dinge des Lebens klammert, wird sich sehr grämen, dies alles zurücklassen zu müssen. Auch kann man sich über ungeliebte Leute ärgern, die jetzt möglicherweise um das Sterbebett herumstehen und unnötigerweise Blumen aufstellen.

Treten während des Sterbevorgangs solche unheilsamen Gedanken in den Vordergrund, dann werden die negativen früheren Eindrücke zuerst zur Reifung kommen. Die positiven Eindrücke bleiben im Kontinuum des Geistes erhalten. Die Wirkungen der negativen Eindrücke werden zuerst relevant und rufen durch die intensiven

und negativen Ursachen eine Existenz in niederen Bereichen des Daseinskreislaufs hervor.

Ein Hund kann in seinem Geistkontinuum positive Eindrücke haben, die sogar eine Existenz als Mensch hervorrufen können. Im Ablauf seines vorhergehenden Sterbens haben bei ihm die negativen Potentiale ausreifen können, die
eine Existenz als Hund bewirkten. Sind diese negativen
Potentiale vollständig aufgebraucht, wird die Existenz als
Hund zu Ende gehen. Wenn sich dann die positiven Eindrücke im Geistkontinuum manifestieren, kann das gleiche Wesen eine Existenz als Mensch erlangen.

Diese Ausführungen sollte jeder intensiv und ernst für
sich überdenken. Dabei ist es wichtig, die Zusammenhänge gründlich zu untersuchen und logisch zu begrün-
den. Diese Arbeit ist mit einem ehrlichen und unbefange-
nen Geist auszuführen. Geht man an diese Überlegungen
mit einem unehrlichen oder befangenen Geist heran,
dann kann man sich die Mühe von vornherein sparen.

Wir müssen zwischen dem Sterben eines alten und eines jungen Menschen unterscheiden. Alte Menschen sterben im allgemeinen sanfter und leichter als junge Menschen, da im Alter die Verbindung zwischen Geist und
Körper lockerer ist. Die Verbindung von Geist und Körper
ist bei einem jungen Menschen sehr straff und macht den
Vorgang des Sterbens schwieriger. Doch ist es möglich,
daß auch ein junger Mensch, der aufgrund einer langen
Krankheit die Kraft seines Körpers verloren hat, auf eine
sanfte Art und Weise stirbt.

Der Tod kann durch unterschiedliche Umstände eintreten: hohes Alter, Krankheiten, Unfälle, durch ein plötz-
liches Versagen des Gehirns oder des Herzens. Am leich-
testen verständlich wird der Sterbevorgang an einer
Person, die nach langer Krankheit langsam durch die verschiedenen Stadien des Sterbens geht. Wir erinnern uns

daran, daß der Körper aus den vier Urstoffen, die jeweils die Basis für den Geist bilden, besteht. Im Sterbeprozeß verlieren die vier Urstoffe diese Fähigkeit, eine Basis für den Geist zu bilden. Ein Urstoff nach dem anderen zieht sich zurück und bietet dem Geist keine Grundlage mehr.

Die Natur des Geistes

Was ist nun der Geist? Welche Natur hat der Geist? Der Geist ist frei von jeder Materie, ähnlich wie der leere Raum auch keine Materie hat. Der Geist hat die Eigenschaft, sich ständig auf Objekte zu richten und sie zu erfassen. Er ist ein ständig wechselndes Phänomen, das sich von Augenblick zu Augenblick verändert und ununterbrochen Angenehmes und Unangenehmes erfährt.

Ein Mensch, der sich dem Lebensende durch Krankheit und Alter nähert, gelangt in einen Zustand, der sich zusehends verschlechtert. Keine Medizin wird mehr von Nutzen sein. Zuerst verliert der Urstoff der Festigkeit seine Fähigkeit, dem Geist eine Grundlage zu geben. Dann folgen die Urstoffe der Feuchtigkeit, der Wärme und der Energien. Diese vier verschiedenen Stufen können von einem Außenstehenden beobachtet werden.

Verliert der Urstoff der Festigkeit seine Fähigkeit, den Geist zu unterstützen, können einerseits äußere Zeichen wahrgenommen werden, andererseits treten auch innere Zeichen auf, die nur der Sterbende wahrnimmt. Wer einen Menschen in dieser Situation pflegt, kann zu diesem Zeitpunkt beobachten, daß der Körper des Sterbenden schwerer zu bewegen ist. Sein Körper ist ganz weich und hat etwas an Volumen verloren. Der Sterbende selbst nimmt ein Flimmern wahr, das der Erscheinung gleicht, die die

Feuchtigkeit der Luft über einer heißen Straße hervorruft. Diese Erscheinung kommt dadurch zustande, daß der Urstoff der Festigkeit seine Fähigkeit verliert und dadurch der nachfolgende Urstoff der Feuchtigkeit in den Vordergrund tritt.

Zu diesem Zeitpunkt erfährt der Sterbende eine große Bedrängnis. Ihm wird deutlich, daß sein Leben zu Ende geht. Wird der Tod durch eine Krankheit eingeleitet, dann quälen ihn vielleicht zusätzlich noch die Schmerzen dieser Krankheit. Jetzt wird ihm bewußt, daß er ein Menschenleben hatte, das nun zu Ende geht. Hat der Sterbende sein Leben hauptsächlich für sinnlose Dinge verwandt, entsteht in ihm eine große Reue. Wenn sich negative Eindrücke des Geistes bemerkbar machen, dann erscheinen auch schon die ersten Vorahnungen der Zukunft, die große Angst hervorrufen. Dieser Augenblick kann aber dazu benutzt werden, den Geist auf heilsame Dinge zu richten.

Als nächstes verliert der Urstoff der Feuchtigkeit seine Fähigkeit, die Grundlage für den Geist zu bilden. Außenstehende beobachten ein Austrocknen der Glieder des Sterbenden. Die Augen trocknen aus, und es entsteht eine Verfärbung. Die Nase und die Lippen schrumpfen und über den Zähnen bildet sich ein stumpfer Belag. Auch die Zunge schrumpft und wird hart, so daß der Sterbende große Mühe hat, zu sprechen. Dem Sterbenden selbst erscheint der Raum wie von Rauch gefüllt. Diese Wahrnehmung kommt dadurch zustande, daß der Urstoff der Feuchtigkeit seine Fähigkeit verliert, eine Grundlage für den Geist zu bilden, und somit der Urstoff der Wärme vortritt. Diese Erscheinung kommt nicht durch die Wahrnehmung der Augen zustande, sondern ist eine Erscheinung, die aus dem Bewußtsein des Sterbenden stammt.

Während des Lebens sind unsere Organe und Sinne klar und erlauben uns eine scharfe Wahrnehmung der

Umwelt. Während des Sterbevorgangs verlieren die Sinne ihre Kraft. Dem Sterbenden erscheint die Umgebung weit weg – ähnlich, wie wenn umgekehrt durch ein Fernrohr geschaut wird. Gespräche, die in der unmittelbaren Nähe des Sterbenden geführt werden, hört er wie aus weiter Ferne. Hat der Sterbende sich in seinem Leben auf den Tod vorbereitet und entsprechende Fähigkeiten erlangt, dann ist es sinnvoll, über Dinge zu sprechen, die ihn auf heilsame Gedanken bringen. Ist der Sterbende ungeübt und kann sich nicht mehr konzentrieren, ist es das beste, ihn ganz allein zu lassen.

Äußere Tätigkeiten und Bewegungen stören den Sterbenden und bringen ihn dadurch auf negative Gedanken. In ihm wird eine Abneigung gegenüber allen äußeren Bemühungen wachsen, und als Folge wird diese versuchte Hilfe nur das Enstehen von negativen Eindrücken in seinem Bewußtsein verursachen. Deshalb sollte der Sterbende auf jeden Fall in Ruhe gelassen werden. Während des Lebens können wir uns gut um andere kümmern und ihnen helfen. Aber im Sterbeprozeß ist es das beste, den Sterbenden nicht zu stören. Eine bessere Hilfe können wir ihm nicht zukommen lassen.

Als nächstes verliert der Urstoff der Wärme seine Fähigkeit, den Geist zu unterstützen. Als äußeres Zeichen macht sich dieser Vorgang dadurch bemerkbar, daß der Körper seine ganze Wärme verliert. Dem Sterbenden erscheinen zu diesem Zeitpunkt sprühende Funken im Raum. Das wird durch das Abnehmen des Urstoffs der Wärme hervorgerufen. Durch diese Abnahme der Wärme erscheint verstärkt der Urstoff der Energie. Die Sinne nehmen fast vollständig an Kraft ab, und auch das Erinnerungsvermögen des Sterbenden ist stark reduziert. Ein geübter Beobachter, der die entsprechende Erfahrung hat, kann zu diesem Zeitpunkt an verschiedenen Zeichen, die sich bemerkbar machen, Hinweise auf eine angenehme oder unangenehme Zukunft feststellen.

Ich möchte einige Zeichen, die zu diesem Zeitpunkt auftreten können, erklären. Es gibt Sterbende, die ständig darum bitten, höher gebettet zu werden, obwohl es nicht mehr weiter geht. Diese Gefühle werden beim Sterbenden durch Potentiale im Geist hervorgerufen, die die Ursache für das nächste Leben bilden. Das Zeichen kann darauf hindeuten, daß der Sterbende in ein elendes Dasein hineingeht.

Manchen Sterbenden ist ständig kalt, und sie bitten um weitere Decken, obwohl sie gut zugedeckt sind. Dieses Verlangen nach Wärme, das in dem Sterbenden auftritt, ist ein Zeichen dafür, daß er in einem Dasein wiedergeboren wird, wo er das Leid der Hitze ertragen muß. Diese Vorahnung wird durch Potentiale im Geist verursacht, die gerade am Reifen sind. So entsteht bei dieser Person ein sehr starkes Verlangen nach Wärme.

Anderen Sterbenden ist die Umgebung viel zu warm. Sie lassen sämtliche Decken entfernen und klagen über zu große Wärme. In ihnen entsteht ein Verlangen nach Kälte. Das kann auf eine Existenz in elenden Bereichen deuten, in denen großes Leiden durch Kälte erfahren wird.

Bei Sterbenden, die ständig um Nahrung bitten, machen sich Potentiale bemerkbar, die aufgrund von großem Geiz zustande gekommen sind. Diese rufen eine Existenz als Preta oder „Hungriges Wesen" hervor. ·

Andere erfahren im Sterbevorgang große Furcht. Sie sprechen von Angst einjagenden Erscheinungen, obwohl nichts im Raum vorhanden ist, was ihnen diese Angst einjagen könnte. Diese Erscheinungen werden durch das Reifen negativer Eindrücke hervorgerufen und können die weitere Zukunft des Wesens bestimmen. Manifestieren sich während des Sterbevorgangs heilsame Eindrücke, zeigen sich entsprechende Erscheinungen, die die nächste Existenz bestimmen.

Für die Gegenwart interessieren uns solche Vorgänge nicht so sehr, und wir gehen mehr oder weniger den Dingen nach, die uns im Augenblick gefallen. Zum Zeitpunkt des Todes sind die Gedanken, die in uns auftreten und das, was dann auf uns zukommt, sehr eng miteinander verbunden.

Als nächstes verliert der Urstoff der Energie – oder, wörtlich übersetzt, des „Windes" – seine Fähigkeit zur Unterstützung des Geistes. Der Atem wird immer unregelmäßiger, wobei die Ausatmung länger und die Einatmung kürzer wird, bis dann der Atem mit dem letzten Atemzug zu Ende geht.

Der Begriff „Wind" oder „Windenergie" hat verschiedene Bedeutungen. Es wird dabei ein grober und ein subtiler Bereich unterschieden. Zum groben Bereich gehört der Atem. Die subtilen Windenergien existieren in ständiger Verbindung mit dem Geist.

Zu diesem Zeitpunkt des Sterbens löst sich zuerst die Funktion der groben Windenergie auf. Die subtilen Windenergien werden sich erst zu einem späteren Zeitpunkt auflösen. Die weit verbreitete Meinung, daß mit dem Aufhören der Atmung der Tod eingetreten sei, ist falsch. Läßt man den Sterbenden ruhig liegen, erfährt er noch weitere verschiedene Erscheinungen. Er nimmt jetzt ein schwaches Licht wahr, ähnlich dem Licht einer ruhig brennenden Kerze. Diese Erscheinung der Ungestörtheit hängt damit zusammen, daß der letzte Urstoff seine Fähigkeit, dem Geist eine Basis zu geben, verloren hat. Es gibt nichts mehr, was eine Störung verursachen könnte. Zu diesem Zeitpunkt sind die fünf Sinne vollständig absorbiert, und nur ein subtiler Teil der inneren Bewußtseinszustände ist noch vorhanden.

Jetzt löst sich das Bewußtsein des Sterbenden in weiteren vier Stufen, beginnend beim groben bis hin zum subtilsten Bewußtsein, auf. Dabei erscheint dem Sterbenden ein leuchtend gräulichweißes Licht, ähnlich wie das Licht des Mondes in der Nacht. Diese Erscheinung wird dadurch erklärt, daß sich im Körper des Sterbenden die Zellen, die regenerativen Substanzen der Eltern, die sich bei der Vereinigung verbunden hatten, bewegen. Die Bewegung der regenerativen Substanz, die vom Samen seines Vaters stammt, ruft im Sterbenden die weißliche Erscheinung hervor.

Bei der Auflösung des nächsten Bewußtseinszustandes erfährt der Sterbende ein leicht rötlichgelbes Licht. Dieses leicht rötlichgelbe Licht wird durch eine Bewegung der regenerativen Substanz hervorgerufen, die aus der Eizelle der Mutter des Sterbenden stammt. Danach erfährt der Sterbende bei der Auflösung eines weiteren Bewußtseinszustandes eine dunkle bis tiefschwarze Erscheinung. Wenn diese vorbei ist, ist jede Art von Erinnerung in der Person ausgelöscht. Die dunkle, schwärzliche Erscheinung wird durch die Bewegung der regenerativen Substanzen, die auch Tropfen genannt werden, hervorgerufen, wenn beide Tropfen sich im Herz-Zentrum treffen. Der Zustand der Erinnerungslosigkeit oder völligen Bewußtlosigkeit kann unterschiedlich lang dauern. Danach tritt der allersubtilste Bewußtseinszustand der Person hervor. Das ist der subtilste Zustand des Geistes, der überhaupt in einer Person auftreten kann. Und das ist der allerletzte Moment des Lebens.

Der Sterbende, der in seinem Leben umfangreiche Dharmastudien betrieben hat, der korrekt über die Leerheit meditiert hat und gelernt hat, fortgeschrittene Meditationen durchzuführen, kann den subtilsten Zustand seines Bewußtseins für besonders wirkungsvolle Meditationen benutzen. Er kann es vermeiden, in den sogenannten „Bardo" oder Zwischenzustand zu gehen. Große Meditationsmeister sind in der Lage, diesen Zustand eine lange Zeit aufrechtzuerhalten und darin zu bleiben. Aber auch Menschen, die in einem sehr hohen Alter sterben, können einige Tage in diesem Zustand verbleiben.

Verbrachte der sterbende Mensch sein Leben ohne besondere Schulungen des Geistes, dann wird dieser Zustand ungenutzt vergehen. Eine kleine Veränderung beendet diesen Zustand, und der Geist trennt sich dann endgültig vom Körper. Damit geht das Leben zu Ende, und das Wesen tritt in den „Bardo" oder Zwischenzustand ein. Der subtilste Geisteszustand ist die Grundlage für den Geist des Bardowesens. Die Energie, die diese Geisteszustände begleitete, ist die Basis für den Körper des Bardowesens. Das Bardowesen hat im Gegensatz zum Menschen noch weniger Freiheit über seinen Zustand. Schon der gewöhnliche Mensch hat große Mühe, seinen Geist zu zügeln und ihn bewußt auf ein Objekt zu richten. Diese Unfähigkeit ist beim Bardowesen noch stärker ausgeprägt. Jede Bewegung des Bardogeistes führt zu einer Bewegung des Bardokörpers. Der Zwischenzustand ist ein außerordentlich flüchtiger und instabiler Zustand.

Es fällt uns schon im jetzigen Leben sehr schwer, Konzentration zu entwickeln und zu erhalten. Ständig sind unsere Gedanken mit unserer Arbeit, mit unserem Zuhause oder mit unserer Freizeit beschäftigt. Unsere Gedanken bewegen sich zu allen möglichen Objekten hin, doch unser Körper bleibt dabei am gleichen Platz. Anders ist es beim Bardowesen. Da der Körper des Bardowesens aus subtilen Energien besteht, wird sein Körper mit dem Denken gleichzeitig fortbewegt. Der Bardokörper befindet sich sofort an dem Ort, auf den seine Gedanken gerichtet sind. Auch fällt es dem Bardowesen in seinem Zustand sehr schwer, heilsame Gedanken zu entwickeln. Im Gegenteil, die Gedanken des Bardowesens sind nicht sehr nützlich und zuträglich; dadurch wird dieser Zustand sehr unangenehm und problematisch. Die Erscheinungen, die das Bardowesen erfährt, sind noch furchteinflößender als die erschreckenden Erscheinungen, die im Todesprozeß auftreten können. Das Bardowesen wird nur von dem Wunsch getrieben, geboren zu werden. Deshalb ist es ständig auf der Suche nach einem Ort, wo dieses Verlangen erfüllt werden kann. Eine Person, die im Leben Vorbereitungen getroffen hat, indem sie Dharma ausgeübt hat, wird diesen Bardozustand leichter und nicht so erschreckend erfahren.

Ich erkläre damit die allgemeinen Erfahrungen eines Bardowesens. In dem bekannten „Tibetischen Totenbuch" wird viel über angenehme Erscheinungen, die im Bardozustand auftreten, berichtet. Das sind Beschreibungen, die nur für Personen mit intensiver Schulung und einer sehr starken inneren heilsamen Kraft zum Tragen kommen können. Aber auch dann sind diese Erscheinungen sehr schwer zu erfahren. Für den normalen Sterblichen ist der Bardozustand äußerst erschreckend.

Wer kann diese Bardowesen wahrnehmen? Die Bardowesen der entsprechenden Daseinsbereiche sehen sich gegenseitig. So können sich zum Beispiel die Bardowesen von vorhergehenden Menschen oder Tieren erkennen. Auch durch eine sehr hohe Entwicklung des Geistes und durch große Fortschritte in der Meditation kann die Fähigkeit entwickelt werden, Bardowesen wahrzunehmen. Ansonsten ist es nicht möglich, diese Wesen zu erkennen.

Das Bardowesen sucht ständig nach einem Ort, wo es sich mit einem Körper verbinden kann. Dabei wird es in Abhängigkeit von den Ursachen, die im Sterbeprozeß zur Reifung gekommen sind, von einem Ort zum anderen getrieben. Im ungünstigsten Fall ist es ein Ort der Hölle, der

Hungrigen Geister oder der Tiere. Um diesen Vorgang verständlich zu machen, möchte ich ihn am Beispiel eines Bardowesens beschreiben, das eine menschliche Existenz erlangen wird. Natürlich ist eine solche Existenz vollständig von den Ursachen abhängig, die zuvor gesetzt worden sind.

Um als Kind zweier Elternteile geboren zu werden, müssen bestimmte Ursachen vorhanden sein. Die zukünftige Mutter muß die Ursachen angesammelt haben, dieses Kind als ihr Kind zu bekommen und den entsprechenden Mann als ihren Gatten. Auch der Mann muß die Ursachen angesammelt haben, der Vater dieses Kindes zu werden. Die noch als Bardowesen existierende Person muß die Ursachen angesammelt haben, um als Kind dieser beiden Elternteile auf die Welt zu kommen. Auch dürfen keine Hindernisse der Geburt im Wege stehen. So muß die Gebärmutter der zukünftigen Mutter vollständig funktionstüchtig sein und die Geburt eines Kindes ermöglichen. Die Mutter muß frei von Krankheiten sein, die ebenfalls die Geburt eines Kindes verhindern könnten. Die regenerativen Substanzen der Eltern müssen frei von Fehlern sein, damit eine Geburt stattfinden kann. Viele Bedingungen müssen erfüllt sein, damit ein Kind entstehen kann.

Wenn sich bei einer sexuellen Vereinigung die regenerativen Substanzen der Eltern, der Samen des Vaters und die Eizelle der Mutter, verbinden, dann ist es möglich, daß sich zu diesem Zeitpunkt das Bewußtsein des Bardowesens mit diesen Substanzen verbindet. Die Verbindung des Bewußtseins kann auch noch eine kurze Zeit nach der Verbindung der regenerativen Substanzen eintreten.

Das Bardowesen nimmt die Eltern selbst nicht wahr, es nimmt nur den Samen des Vaters und die Eizelle der Mutter wahr. Diese erscheinen dem Bardowesen nicht in der Form, wie sie dem Menschen erscheinen, sondern in Form von Genitalien. Nach dem Tod des Bardowesens verbindet sich das Kontinuum des Bewußtseins mit den schon verbundenen regenerativen Substanzen der Eltern. Was geschieht mit dem Bardowesen? Da der Körper des Bardowesens aus subtilen Energien besteht, löst er sich auf, ohne einen Leichnam zu hinterlassen. Nachdem sich die Substanzen der Eltern verbunden haben und das Bardowesen sein Ende erfahren hat, verbindet sich das Kontinuum des Bewußtseins des vorhergehenden Bardowesens mit den vereinigten Substanzen. Zusammengehalten wird das Ganze durch die Kraft der Handlungen oder Karma, die diese menschliche Existenz hervorgerufen haben. Die materielle oder substantielle Ursache für den Körper des neuen Wesens bilden die regenerativen Substanzen der Eltern. Die Ursache für den Geist des neuen Wesens ist das Kontinuum des vorhergehenden Bardowesens. Dieses geistige Kontinuum existiert in diesen vereinigten Substanzen fort.

Dieser Prozeß findet bei Tieren genauso statt. Das Bewußtsein verbindet sich mit den regenerativen Substanzen der Tiereltern. Wird ein Wesen in elenden Bereichen geboren, entsteht in der entsprechenden Umgebung ganz spontan ein Körper. Hierbei werden häufig keine Eltern benötigt.

Doch betrachten wir weiter die menschliche Existenz. Nach der Vereinigung der Zellen und der Verbindung des Bewußtseins mit diesen vereinigten Keimsubstanzen wird das Wesen als Mensch bezeichnet. Seine weitere Entwicklung bewußt zu stören oder abzubrechen hat die gleichen Konsequenzen wie das Töten eines Menschen. Der Geist, der sich mit diesen Substanzen verbunden hat, basiert wieder auf den vier Urstoffen der beiden regenerativen Substanzen der Eltern. Beim Sterbevorgang haben diese Urstoffe des Körpers ihre Unterstützung des Geistes unterbrochen und dadurch den Tod eingeleitet. Jetzt bilden die Urstoffe der regenerativen Substanzen der Eltern die

Basis für das Bewußtsein des Embryos. Diese vier Urstoffe haben bei der Entwicklung des Embryos ihre entsprechende Aufgabe. Der Urstoff der Energie ist vor allem verantwortlich für die weitere Entwicklung der Körperformen.

Wenn der letzte Moment des Bardowesens gekommen ist, lösen sich die gröberen Bewußtseinszustände und die sie begleitenden subtilen Energien des Bardowesens auf. Das Verbindende zwischen dem Bardowesen und dem neuen Menschen ist der subtilste Bewußtseinszustand und der ihn begleitende Energiezustand, der auch zum Zeitpunkt des Todes aufgetreten ist. Diese vereinigen sich mit den Keimsubstanzen der Eltern, und im weiteren Verlauf der Entwicklung des Embryos entstehen aus diesen subtilen Energien weitere fünf gröbere und fünf abzweigende Energien. Begleitet werden sie jeweils von den entsprechenden Bewußtseinszuständen. Diese durchdringen den gesamten Körper.

Die verschiedenen Formen, durch die sich ein Embryo entwickelt, sind allgemein bekannt. Für die Entwicklung der verschiedenen Stadien des Embryos sind die Energien verantwortlich. Nach der entsprechenden Zeit verläßt das Kind den Leib der Mutter. Wenn wir das Kind in den Armen halten, finden wir es klein und herzig. Tatsächlich ist es ein Wesen, das noch vor nicht allzu langer Zeit ein Bardowesen gewesen ist und davor vielleicht ein alter Mann oder eine alte Frau.

Wir sehen, daß bei der Entstehung eines Wesens jeweils ein neuer Anfang für einen Körper gesetzt wird. Es besteht jedoch kein neuer Anfang für den Geist. Der Geist, der bei der Vereinigung des Samens und der Eizelle mit diesen eine Verbindung eingeht, ist die Fortsetzung des Geistes des vorher existierenden Menschen. So können wir die Kontinuität des Geistes endlos in die Vergangenheit zurückverfolgen. Es gibt keinen Zeitpunkt, zu dem Geist zu Materie oder Materie zu Geist wird.

Das geborene Kind wird alt werden und sterben, und der Kreislauf beginnt von vorne. In diesem Daseinskreislauf befinden wir uns alle. Welche Richtung wir innerhalb des Daseinskreislaufs einschlagen, liegt an uns selbst. Wir haben die Freiheit, unser Handeln verschieden auszurichten. Wir können heilsame oder unheilsame Handlungen durchführen. Sehr oft gehen uns die unheilsamen Handlungen leichter von der Hand, während es uns schwer fällt, Heilsames zu tun.

Es liegt ganz allein an uns, welches Ziel wir wählen und wohin wir gehen wollen. Aus buddhistischer Sicht hat sich jeder selbst anzustrengen, um heilsame Resultate hervorzubringen. Die eigenen Bemühungen werden durch ein Zufluchtsobjekt unterstützt. Ein solches Zufluchtsobjekt ist ein erleuchtetes Wesen mit vollkommenen Fähigkeiten, wie zum Beispiel dem vollkommenen Mitgefühl. Dieses Wesen besitzt eine allumfassende Kenntnis und Wahrnehmung und handelt lediglich zum Wohl der anderen. Wenn wir uns auf ein solches letztliches Zufluchtsobjekt stützen und seine Hilfe erbitten, und unsere Anstrengungen in der Schulung des Geistes eifrig fortsetzen, können wir sämtliche erstrebenswerten Ziele erreichen.

Fragen und Antworten

F.: Zum Zeitpunkt des Todes wird der Körper zurückgelassen. Das Bewußtsein geht weiter. Was passiert mit dem Ich, mit der Identität der Person selbst?

A.: Die Identität ist untrennbar verbunden mit dem Kontinuum des Geistes und geht durch viele verschiedene

Stadien. Als Mensch, als Tier oder Höllenwesen. Das Ich oder die Person sind wir selbst.

F.: Wie ist Nirvana definiert?

A.: Es werden zwei Arten von Hindernissen zur Befreiung aus dem Daseinskreislauf unterschieden: Die Hindernisse durch Verblendungen und Hindernisse auf dem Weg zur Erleuchtung. Die Hindernisse der Verblendungen sind einfacher zu beseitigen als die Hindernisse auf dem Weg zur vollen Erleuchtung. Durch ständige Schulung können die Hindernisse bis zur Befreiung beseitigt werden. Das ist die Befreiung aus dem unfreiwilligen Zyklus der Existenz. Solange wir im Daseinskreislauf gefangen sind, werden wir ohne freien Willen ständig in irgendeiner Form weiter existieren.

Wenn die Befreiung erlangt wird, sind die Ursachen für das bedingte Sein und für das bedingte Geborenwerden beseitigt. Dadurch wird die Person aber nicht eliminiert. Die Person existiert weiter. Der Geist der Person ist die Weisheit des Befreiten und sein Körper ist der Körper eines Befreiten: sie sind frei von allen Unreinheiten. Eine Person, die diesen Zustand erreicht hat, nennt man Arhat, und der Zustand, in dem er sich befindet, wird Nirvana genannt.

F.: Wie lange dauert der Bardozustand?

A.: Es wird von Perioden von sieben Tagen gesprochen. Es können auch mehrere solcher Perioden von sieben Tagen nacheinander auftreten.

F.: Muß man sich den Zustand als Preta oder in einer Hölle als endgültig vorstellen oder wird er wieder verlassen?

A.: Jedes Leben ist ein Resultat einer Ursache, und durch

das Erleben des Resultates wird die Ursache aufgebraucht. In dem Maß, in dem ein Wesen in irgendeinem Zustand existiert, wird die Ursache, die diesen Zustand hervorgerufen hat, aufgebraucht. Sobald die Ursachen vollständig aufgebraucht worden sind, wird dieser Zustand wieder verlassen. Das trifft auf jede Art von Zustand zu.

F.: Inwieweit ist es möglich, Verbindung zu Verstorbenen aufzunehmen?

A.: Ein Verstorbener wird nach einer gewissen Zeit in einer anderen Form weiterexistieren. Nun ist die Frage, mit wem man Verbindung aufnehmen will. Ist es jemand, von dem man genau weiß, welches Wesen er ist? Das gelingt nur durch intensive Anwendung bestimmter Meditationen. Durch eine entsprechende Schulung des Geistes kann eine erhöhte Wahrnehmungsfähigkeit erlangt werden. Auf diese Art kann wahrgenommen werden, wohin ein Wesen nach dem Tod geht und in welcher Form es weiterexistieren wird. Dann ist es möglich, ganz bewußt mit diesem Wesen in Verbindung zu treten. Aber auch unbewußt ist es möglich, mit dem Wesen Verstorbener in Verbindung zu treten. Wenn ein guter Freund stirbt und wieder als Mensch geboren wird, so ist es möglich, ihn kennenzulernen, ohne zu wissen, daß es ein früherer Freund war.

F.: Warum sind negative Gedanken während des Sterbevorgangs ausschlaggebend für die Daseinsform des nachfolgenden Lebens?

A.: Ähnlich wie der Regen das Saatgut zum Sprießen bringt, wirken die heilsamen Gedanken zum Zeitpunkt des Todes als ein Faktor, der die heilsamen Eindrücke aus der Vergangenheit zur Reifung bringt. Genau diese Eindrücke, die zum Zeitpunkt des Todes zur Reifung gebracht werden, bestimmen das zukünftige Leben.

Natürlich wird durch den Regen das gute Saatgut und das Unkraut zum Sprießen gebracht. Bei den geistigen Eindrücken verhält es sich nicht so. Heilsame Gedanken fördern nur die Reifung heilsamer Eindrücke, negative Gedanken fördern nur die Reifung negativer Eindrücke.

F.: Die Weltbevölkerung vermehrt sich ständig. Gibt es dafür genügend Bardowesen?

A.: Das ist eine Frage nach der Anzahl der Lebewesen. Stellt man eine solche Frage, denkt man meistens nur an die Menschen. Es gibt aber wesentlich mehr Tiere als Menschen. Betrachten wir nur einen Teich, so werden wir feststellen, daß sich in diesem Teich vielleicht ebensoviele Tiere befinden, wie es Menschen auf der ganzen Erde gibt. Auch die Zahl der Wesen, die als Hungrige Geister oder Pretas existieren, ist weitaus größer als die der Menschen. Nachdem ihre Existenz beendet ist, gehen diese Wesen in den Bardozustand. Wie wir leicht sehen können, gibt es genügend Wesen, die als Mensch in Erscheinung treten können.

Wir glauben, daß unsere Wahrnehmungswelt einzigartig ist und daß die Menschen ebenfalls einzigartig sind. Tatsächlich aber gibt es eine große Zahl von Welten, die unserer Welt gleichen. Im Vergleich zu den Zahlen der vielen verschiedenen Welten und anderen Seinsformen nimmt der Mensch in dieser Welt nur einen winzigen Bruchteil davon ein.

F.: Ist es nicht auch Egoismus, wenn man aus dem Grund, sich um einen guten Tod und sein angenehmes Weiterleben zu bemühen, gut denkt und handelt?

A.: Es gibt egoistische Einstellungen, die einem schaden. Aber nicht jede egoistische Einstellung muß negativ sein und nicht jede egoistische Einstellung muß zum eigenen Schaden und dem der anderen führen. Wenn ich denke, daß es egoistisch sei, heilsam zu handeln und aus diesem Grund nur unheilsam handle, dann wird die Situation für mich und für andere nur noch schlechter.

F.: Was heißt Buddhismus?

A.: Nicht jeder, der über Buddhismus spricht, ist auch Buddhist. Das können wir sehr leicht feststellen. Zum Beispiel an jemandem, der als bösartiger Mensch bekannt ist; als Buddhist beginnt er seine Einstellung zu verändern. Er hat die Nachteile und Fehler seiner bisherigen Einstellung und die Wichtigkeit der Zuneigung zu anderen erkannt. Nach einer Zeit ist es möglich, daß diese Person Mitgefühl, Erbarmen und Zuneigung zu den anderen entwickelt hat. Die Bosheit und Abneigung beherrschen ihn nicht mehr. Eine solche Wandlung wird durch den Einfluß der eigenen Gedanken erreicht. Die Fähigkeit zu denken wurde dazu verwendet, die Einstellung des Geistes zu verändern.

Es gibt viele hohe Wesen wie Arhats, Bodhisattvas und Buddhas. Diese hohe Stellung haben sie nur erreicht, weil sie die Einstellung ihres Geistes positiv entwickelt hatten. Buddhismus bedeutet, den eigenen Geist in positiver Weise zu verändern.

II. Teil

Die zwölf Glieder des abhängigen Entstehens

Daseinskreislauf

Im folgenden möchte ich genauer auf den Daseinskreislauf und die Befreiung daraus eingehen, da dieses Wissen für jeden von großer Bedeutung ist. Es sollte uns bewußt sein, daß wir uns selbst im Zustand des Daseinskreislaufs befinden. Deshalb ist es auch nicht verwunderlich, wenn wir ständig mit Schwierigkeiten und Problemen zu tun haben. Als Wesen im Daseinskreislauf können wir nichts anderes erwarten.

Wenn wir diesen Lebenszustand nicht verstehen, vergrößert sich das Leiden bei Schwierigkeiten im Leben oder bei Unglücksfällen. Man fragt sich: „Warum müssen ausgerechnet mir diese Schwierigkeiten und dieses Unglück im Leben passieren?" Da wir uns nicht ständig bewußt machen, daß die Natur des Daseinskreislaufs im Leiden besteht, kommt zu der Erfahrung des äußeren Leids auch noch das innere Durcheinander hinzu. Das geistige Leiden vergrößert sich durch diese Unwissenheit.

In Zeiten, in denen es uns gut geht, sind wir entspannt und ruhig, doch oft erfahren wir sehr bald wieder seelische Bedrängnis und Frustration. Das kennt jeder von uns.

Im Daseinskreislauf ist vielleicht die Hälfte des Leids, das wir erfahren, wirkliches Leid, das von außen auf uns zukommt. Die andere Hälfte machen Unwissenheit und die Unfähigkeit aus, die jeweilige Lebenssituation geistig zu bewältigen. Niemand will leiden oder sich in geistiger Not befinden. Das Verständnis, woher das Leiden kommt, was seine Natur ist und wie man es abwenden kann, führt uns zum dem Ziel, davon befreit zu werden. Wir machen uns und anderen etwas vor, wenn wir behaupten, daß es uns gutginge und wir uns in einer glücklichen Lage befänden. Solche Äußerungen sind nutzlos, da sie unserer tatsächlichen Situation nicht entsprechen und uns in der Entwicklung unseres Geistes nicht weiterbringen.

Nehmen wir an, jemand will sich auf eine lange Fußreise durch eine unwegsame Gegend begeben, auf der Berge und Flüsse seinen Weg kreuzen werden. In einem solchen Fall wäre es klug, dem Reisenden mitzuteilen, welche Schwierigkeiten er auf seiner Reise zu erwarten hat. Wenn dem Reisenden die Strapazen bewußt sind, dann wird er trotz körperlicher Mühsal eine ruhige Geisteshaltung behalten.

Würde diese Person nichts von den Schwierigkeiten erfahren, die sie auf ihrem Weg zu erwarten hat, und statt dessen von der schönen Landschaft erzählt bekommen, dann wäre die Reise zusätzlich belastend. Die Person hätte nicht nur die gleiche körperliche Mühsal zu ertragen; zusätzlich würde auch der Geist in große Bedrängnis geraten und das Leiden der Person auf seiner Reise wäre noch um einiges größer.

Die Wirklichkeit ist die, daß wir alle Wesen im Daseinskreislauf sind. Manche denken, der Daseinskreislauf sei etwas ganz von uns Gelöstes, wie etwa ein Ort in einem fremden Land. Diese Vorstellung entspricht nicht der Wirklichkeit.

Vielmehr ist das Land, in dem wir leben, lediglich der Ort, in dem Wesen leben, die sich im Daseinskreislauf befinden: ein Ort der sogenannten Daseinskreisläufer. Der Daseinskreislauf existiert dabei in unserem eigenen Wesen und stellt den gewichtigsten Aspekt unseres Lebens dar. Er ist die eigentliche Art unseres Lebens und nicht etwas, das außerhalb von uns existiert oder gefunden werden kann.

Die abhängige Art des Bestehens

Der Daseinskreislauf hat Bezug zur eigenen Art des Bestehens. Untersucht man die eigene Art des Bestehens genauer, so lassen sich zwei Möglichkeiten unterscheiden: die konventionelle und die eigentliche Art. Die eigentliche Bestehensweise des eigenen Wesens hängt mit der Leerheit aller Phänomene zusammen. Die andere Betrachtungsart des Bestehens ist die des abhängigen Bestehens der Person. Sie stimmt mit der konventionellen Ebene der Wahrheit überein.

Diese Betrachtungsweise unserer Existenz wird durch die zwölf Glieder des abhängigen Enstehens und Bestehens dargestellt. Sie werden symbolisch auf dem Bild des Daseinskreislaufs am äußeren Rand aufgeführt.

Der Daseinskreislauf oder das Rad der Wiedergeburt befindet sich in den Klauen und dem Maul des Herrn des Todes. Im innersten Kreis werden symbolisch die Geistesgifte und die Taten gezeigt. In der Mitte werden die sechs Daseinsbereiche der Lebewesen, die ununterbrochen die Leiden des Daseinskreislaufs erfahren, dargestellt. Am Außenkreis werden die Sinnbilder der Zwölf Glieder des Abhängigen Entstehens beschrieben.

Wenn wir über die zwölf abhängigen Glieder sprechen, beziehen wir uns auf die Art unseres Daseins im Kreislauf des Lebens. Es geht hier um den äußeren Ring des Bildes.

1. Unwis-senheit

Das erste Bild zeigt einen blinden Menschen. Im allgemeinen haben wir Augen, die uns erlauben, die Umgebung wahrzunehmen und zu erkennen. Solange wir Augen haben, können wir sehen, wohin wir gehen und welche Hindernisse sich auf unserem Weg befinden. Wir sehen alles, was um uns herum vorgeht.

Ohne Augen würden wir alle unsere Handlungen fehlerhaft ausführen. Der blinde Mann symbolisiert die Ursache für das Herumirren im Daseinskreislauf: Es ist die Unwissenheit, die nach einem eigenständigen Ich greift.

Die Natur unseres Bestehens im Daseinskreislauf ist die Erfahrung von körperlichem und geistigem Leid. Diesem ständig wechselnden Leid sind wir unterworfen. Leiden ist eine Wirkung aufgrund von Ursachen. Alle Wirkungen und Resultate haben ihre Ursachen. Das lehrt uns deutlich die Natur. Blumen, Bäume, alles Wachstum in der Natur ist das Resultat von bestimmten Samen und den Umständen, die diese zum Wachsen bringen.

Die Leiden und Frustrationen, die wir erfahren, sind Wirkungen, die aufgrund einer bestimmten Ursache entstanden sind. Leiden und Frustrationen sind unerwünscht, sie sind ein Resultat von negativen Ursachen. Denn Unerwünschtes und Leidvolles kann nicht die Wirkung von heilsamen Ursachen sein. Aufgrund von fehlerhaften Ursachen entstehen Leid und geistige Bedrängnis. Alle fehlerhaften Ursachen lassen sich wiederum auf die

Unwissenheit zurückführen, die ein eigenständiges Ich ergreift. Wenn die negativen Ursachen sich auf die Unwissenheit zurückführen lassen, dann stellt sich die Frage: Was ist unter Unwissenheit zu verstehen?

Ganz gleich, welche Phänomene man betrachtet, sie sind von der konventionellen Sicht her abhängige Phänomene, Phänomene, die in Abhängigkeit existieren. Von der endgültigen Sicht ihrer Existenz her sind die Phänomene frei von eigenständiger Existenz. Einerseits existieren die Phänomene in Abhängigkeit – so die konventionelle Betrachtungsweise –, andererseits sind sie frei von einer eigenständigen Existenz. Das ist die eigentliche Art und Weise des Bestehens aller Phänomene. Wenn wir die Phänomene in ihrer zweifachen Wahrheit, der konventionellen und der eigentlichen, endgültigen Wahrheit, erkennen, dann führen wir keine fehlerhaften Handlungen mehr aus.

So ist es auch in weltlichen Belangen. Kennen wir eine Situation ganz genau, richten wir unsere Handlungen entsprechend aus und begehen keine Fehler. Durchschauen wir eine Situation nicht, werden entsprechende Handlungen auch fehlerhaft sein.

Wir selbst bestehen in dieser zweifachen Art der Wahrheit, in der konventionellen und endgültigen Wahrheit. Allerdings ist uns diese Art unseres Bestehens nicht bewußt. Wir wissen nicht, wie diese zwei Arten der Wahrheiten in uns existieren. Da uns diese Einsicht fehlt, erfassen wir unsere Existenz und die Existenz der Phänomene vollkommen falsch, ganz und gar ihrer eigentlichen Art des Bestehens in den zwei Wahrheiten entgegengesetzt.

Das Bewußtsein, das die Phänomene und sich selbst so vollkommen verkehrt erfaßt, ist der Geisteszustand, der Unwissenheit genannt wird. Tatsächlich existieren wir in einer subtilen Abhängigkeit von der Unwissenheit. Unsere

Unwissenheit erfaßt unsere Existenzweise ganz verkehrt, nämlich als etwas Eigenständiges, etwas, was unabhängig aus sich selbst heraus existiert. Deswegen das Symbol mit dem blinden Menschen, der die äußere Umwelt nicht so erfaßt, wie sie tatsächlich ist. Der Blinde sieht nicht, was tatsächlich um ihn herum vorgeht, er erfaßt nur eine große Dunkelheit.

Der Geisteszustand der Unwissenheit ist in uns vorhanden, aber wir erkennen das nicht. Erst längere Studien, Untersuchungen und Meditationen über die eigentliche Art unseres Bestehens öffnen unseren Geist und machen die Sicht für diese Erkenntnis frei.

In unserem eigenen Geist ist die Unwissenheit dominant, und auf dieser Basis entstehen Haß, Eifersucht und Begierden gegenüber anderen Wesen. Diese Geisteszustände machen uns unglücklich. So bringt Unwissenheit unzählige Geisteszustände hervor, die den Geist selbst wiederum aufwühlen und bedrängen.

Ich möchte diesen Zusammenhang an einem Beispiel auf der körperlichen Ebene erklären. Betrachten wir einen Menschen mit einer schweren chronischen Krankheit; diese Krankheit ruft ständig weitere Komplikationen hervor, indem der Krankheitsherd weitere Erkrankungen verursacht.

In diesem Beispiel entspricht die eigentliche Krankheit der Unwissenheit. Die ständigen Komplikationen, die durch die Krankheit ungewollt entstehen, sind Geistesverblendungen, und die Geistesverblendungen rufen aufgrund der Unwissenheit Haß, Eifersucht, Begierde usw. hervor. Die Unwissenheit ist ein vollkommen fehlerhafter Geisteszustand. Alle weiteren Geisteszustände, die aus diesem getäuschten Geisteszustand entspringen, sind ebenfalls fehlerhaft. Werden die zwei Wahrheiten der Phänomene erkannt, dann können in einem solchen Geist keine Zustände auftreten, die Leid und Frustrationen hervorrufen.

Entwickelt sich zwischen zwei Menschen in einem Gespräch ein Streit und einer benutzt verletzende Worte, worauf die andere Person mit Wut reagiert: dann sind hier die äußeren Umstände die verletzenden Worte, die eigentlichen Faktoren aber, die den Geist des anderen in Bedrängnis bringen, sind Haß und Wut, die in ihm aufsteigen. Als Resultat des Geistesfaktors Haß verstärkt sich der Streit, indem mit verletzenden Worten geantwortet wird. Diese rufen wiederum Haß beim Gesprächspartner hervor, und der größte Streit ist da. Würde man dagegen korrekt den Zusammenhang verstehen, daß die Phänomene in ihrer Natur den zwei Wahrheiten entsprechen, könnte kein Haß entstehen.

Damit eine Blume wachsen kann, benötigen wir einen Samen und entsprechende Umstände wie Wärme, Wasser und Licht. In gleicher Weise sind die verletzenden Worte zwar ein Umstand, aber die eigentliche Ursache für die Entstehung von Haß ist die Unwissenheit. Aufgrund dieser Unwissenheit entstehen fehlerhafte Geistfaktoren wie Haß, Eifersucht und Anhaftung, Nicht-loslassen-Können. Diese führen dann dazu, daß man negative Gedanken entwickelt, die sich in unheilsamen verbalen und physischen Handlungen äußern. Aufgrund von unheilsamen Handlungen entsteht negatives Karma. Karma bedeutet Handlung; auch geistige und verbale „Handlungen" gehören dazu. Und solche Handlungen werden zu einer negativen Ursache.

2. Gestaltende Tat

Auf der Darstellung folgt das Bild eines Töpfers. Der Töpfer symbolisiert die negativen Handlungen von Geist, Sprache und Körper. Der Töpfer führt gewisse Handlungen durch. In gleicher Weise führen wir geistige, verbale und physische Handlungen aus. Bestimmte Handlungen werden eine bestimmte Zeitlang durchgeführt. Wenn diese Handlungen beendet sind, schließen sich neue Aktivitäten an, und andere Geisteszustände kommen mit ihnen zum Vorschein. Alle Handlungen sind zeitlich begrenzt. Die unheilsamen Handlungen von Körper, Sprache und Geist werden im zweiten Glied der zwölf abhängigen Glieder dargestellt.

3. Bewußtsein

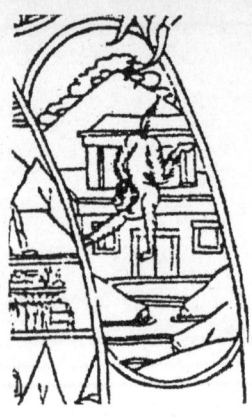

Jede abgeschlossene Handlung hinterläßt ein Potential im Geist. Dieser geistige Eindruck wird zur Ursache einer zukünftigen Wirkung. Das Bewußtsein ist Träger dieser karmischen Anlage, die Potentiale bleiben dem Geist erhalten. Dieses Bewußtsein ist das dritte der zwölf abhängigen Glieder, in ihm werden die Potentiale der heilsamen und unheilsamen Handlungen aufgenommen.

Auf dem Bild wird ein Affe gezeigt. Affen sind die lebhaftesten und intelligentesten Tiere, die nie ruhig sein können und immer etwas zu tun haben. Das entspricht dem Zustand unseres Geistes. Auch er kann nie ruhig sein und festgehalten werden, er ist ständig in Bewegung. Diesen Zustand des Geistes kann jeder bei sich selbst beobachten.

4. Verlangen

Ein weiterer Geisteszustand ist das Verlangen. Die Objekte des Verlangens sind vielfältig: Es sind Menschen, Länder, angenehme Empfindungen. Dieses Verlangen verstärkt die negativen Potentiale im Geist und gibt ihnen mehr Kraft. Das Potential, das im Geist gelagert ist, kann mit einem Samen verglichen werden. Damit ein Samen gut wächst und gedeiht, wird er begossen und gedüngt. Das entspricht dem Verlangen, das dieses im Geist gelagerte Potential verstärkt zur Reifung bringt. Die Geistesverblendungen wie das Verlangen sind Bestandteil unseres Bewußtseins. Da wir uns meistens nicht für die Zustände unseres Geistes interessieren, bemerken wir es auch nicht. Und so bewirken diese Verblendungen ein Anwachsen der negativen Potentiale in unserem Geist. Das Verlangen ist das vierte der zwölf abhängigen Glieder.

Ich erkläre die Reihenfolge der zwölf Glieder des abhängigen Entstehens im Zusammenhang mit dem Entstehen neuer Existenzen im Daseinskreislauf. Dargestellt wird das vierte Glied von einem Biertrinker; aber auch ein Paar steht für den Zustand des Verlangens. Das Verlangen hat die Eigenschaft, sich ständig nach neuen Objekten der Begierde zu richten. Es ist ohne Ende und kann nicht gestillt werden. Sobald ein neues Objekt als angenehm erfaßt wird, wird das Verlangen nach Neuem nur noch stärker. Ähnliches trifft auch auf den Biertrinker zu. Wenn er ein Glas getrunken hat, dann hat er Lust auf ein zweites und drittes Glas. Für jemanden, der noch nie Bier getrunken hat, trifft das Beispiel nicht zu. Wenn er nur einen Schluck nimmt, findet er das bittere Zeug meist nicht schmackhaft. Biertrinker können diese Gedanken dagegen gut nachvollziehen.

5. Ergreifen

Wenn man sich dem Tod nähert, entsteht ein noch stärkeres Haften an den Dingen des Lebens. Hervorgerufen wird dies durch die angesichts des Todes aufkommenden Gedanken, den ganzen Besitz, das Land und die Familie zurücklassen zu müssen. Das starke Anhaften ist die Ursache dafür, daß die Potentiale, die früher in den Geist gesetzt worden sind, schneller zum Reifen kommen, als es das Verlangen während des Lebens schon bewirkt hat. Das starke Haften an den Dingen ist das fünfte Glied und wird auch Ergreifen genannt. Das Bild zeigt einen Affen, der nach Früchten eines Baumes greift. Er symbolisiert dieses starke Anhaften, das wesentlich stärker ist als während des Lebens. Das Gefühl, alles zu verlieren, läßt das Ergreifen des Verlangten dringender werden.

Ist ein Feld gepflügt und bestellt worden und sind nach einiger Zeit alle Bedingungen für das Wachstum erfüllt, dann kann ein warmer Regen am Vorabend das ganze Feld am nächsten Morgen grün werden lassen. In diesem Fall ist der Regen ein ganz besonders günstiger Umstand, um die Pflanzen zum Sprießen zu bringen.

6. Werden

Das Ergreifen macht die Potentiale, die früher in das Bewußtsein gesetzt und dann im Laufe der Zeit ständig verstärkt worden sind, so reif, daß sie ihre Wirkungen hervorbringen können. Zu diesem Zeitpunkt ist der Mensch dabei, zu sterben. Das ist das sechste der zwölf abhängigen Glieder des abhängigen Entstehens. Dieses Glied wird Werden genannt. Auf manchen Bildern wird dieser Zustand symbolisch durch eine hochschwangere Frau kurz vor der Geburt des Kindes gezeigt.

Die hier erklärten Dinge beschreiben unseren augenblicklichen Zustand. Unwissenheit ist ein Geisteszustand, der gegenwärtig in uns vorhanden ist. Als Wirkung der Unwissenheit entstehen immer wieder Anhaftung, Haß und andere negative Geisteszustände. Unheilsame

Handlungen hinterlassen Potentiale in unserem Geist, und es entsteht in uns das Verlangen. Die weiteren Glieder, wie das Ergreifen, treten erst gegen Ende des Lebens ein.

Wir sind fleißig dabei, Ursachen zu schaffen, deren Konsequenzen wir selbst zu tragen haben. Niemand hat uns in den Daseinskreislauf gebracht, kein Wesen ist dazu in der Lage. Wir befinden uns aus Unwissenheit in dieser Situation. Ein Mensch wird zu einem bestimmten Zeitpunkt sterben und als Bardowesen weiterbestehen. Das Bardowesen ist ständig auf der Suche nach einer neuen Form, um sich zum Beispiel in der Gebärmutter einer Frau mit den körperlichen Substanzen zu verbinden. Dieser Vorgang kann aber auch in der Gebärmutter eines Tieres stattfinden.

7. Geburt

In den Darstellungen der zwölf Glieder des abhängigen Entstehens fehlt das Bild des Bardozustands. Wir finden das Bild der Geburt als symbolische Darstellung der Verbindung mit den körperlichen Substanzen. Tatsächlich geht das Wesen zuerst durch den Bardozustand, und danach verbindet sich das Bewußtsein mit den vereinigten regenerativen Substanzen der Eltern, dem Samen des Vaters und der Eizelle der Mutter. Der Zeitpunkt der Verbindung mit den körperlichen Substanzen wird als Geburt bezeichnet. Das ist das siebte Glied des Daseinskreislaufes und wird symbolisch durch eine gebärende Frau dargestellt. Der Vorgang der Geburt, wie er uns geläufig ist, steht symbolisch für die oben beschriebene Verbindung.

Jedes Wesen setzt sich durch seine eigenen Handlungen Ursachen, deren Wirkungen es auch selbst erfahren wird. Beim Sterben trennt sich der Geist von seinem Körper, der dann begraben, verbrannt oder, wie in Tibet, den Tieren in der Wildnis als letzte Opfergabe zum Fraß dargebracht wird. Der Geist der Person verbindet sich mit neuen körperlichen Substanzen der zukünftigen Eltern.

8. Name und Form

Dieser Zeitpunkt wird „Name und Form" genannt und ist das achte der zwölf Glieder des abhängigen Entstehens. Symbolisch dargestellt wird es durch einen rudernden Mann in einem Boot auf einem Fluß. Der Mann hat eine gewisse Verbindung mit seinem Boot und kann sich damit entsprechend auf dem Wasser bewegen. Genauso ist das Bewußtsein mit den körperlichen Substanzen verbunden und so darauf angewiesen.

9. Sechs Sinneskräfte

Im Laufe der Entwicklung des Fötus im Mutterleib werden die verschiedenen Sinneskräfte ausgebildet. Dieses Stadium ist das neunte der zwölf Glieder. Die sechs ausgebildeten Sinneskräfte werden als Haus mit Fenstern und Türen symbolisch dargestellt.

10. Berührung

In der nächsten Stufe der weiteren Entwicklung von Körper und Geist entsteht die Fähigkeit, daß die Sinne ihre Objekte wahrnehmen können. Objekt, Sinneskraft und Bewußtsein treten in Kontakt, so daß es zur Wahrnehmung kommen kann. Das ist das zehnte Glied und wird Berührung genannt. Die symbolische Darstellung zeigt die Umarmung von Frau und Mann.

11. Empfin-
dung

Das elfte der zwölf Glieder des abhängigen Entstehens ist die Empfindung. Zu diesem Zeitpunkt sind die Sinne schon ausgebildet, und die Berührung der Sinne mit dem Objekt hat stattgefunden. Als Wirkung entstehen angenehme oder unangenehme Empfindungen. In der Darstellung wird ein Mann gezeigt, der von einem Pfeil ins Auge getroffen ist. Der Pfeil im Auge verursacht einen ganz außerordentlichen Schmerz, und dieser steht symbolisch auch für alle anderen Empfindungen.

12. Altern
und Tod

Der weitere Lebensvorgang ist vom Altern und vom Sterben geprägt. Dementsprechend wird das zwölfte Glied Altern und Tod genannt. Das wird symbolisch durch einen alten Mann oder einen Leichenträger dargestellt.

Ich habe die zwölf Glieder des abhängigen Entstehens in der Reihenfolge erläutert, wie sie unter normalen Umständen in einem Leben nacheinander auftreten können. Es ist aber durchaus möglich, daß einige dieser Ereignisse durch verschiedene Umstände auch gleichzeitig geschehen können. Unsere Existenz ist ein ständiger Kreislauf durch diese zwölf Glieder. Immerfort durchwandern wir diesen Kreislauf der zwölf Glieder. Deswegen werden die Wesen darin auch Daseinskreisläufer genannt. Dieser Daseinskreislauf ist die eigentliche Art unseres Bestehens. Unfreiwillig gehen wir ständig immer wieder von einem Glied zum anderen durch diesen Kreislauf. Die eigentliche Ursache dafür ist Unwissenheit. Die Wirkungen daraus sind Leiden und Frustrationen. Die Ursache für unser Leiden ist unser eigenes Fehlverhalten.

Trifft uns ein Unglück, so ist das eigentlich kein Grund zum Heulen und Jammern. Wir müssen uns klar darüber werden, daß das die eigentliche Natur des Daseinskreislaufes, nämlich unseres Lebens ist, und daß wir nichts anderes zu erwarten haben. Damit müssen wir uns abfinden. Wenn wir uns diesen Zusammenhang klar machen, daß Leiden und Frustrationen durch die Art unseres Daseins bedingt sind, entspannt sich unser Geist, er wird offen und weit, und das Leiden, das wir erfahren, ist wesentlich leichter zu ertragen. Dadurch verringert sich das Leid ganz allgemein in bezug auf weltliche Dinge und Probleme.

Entsagung

Durch die Betrachtung der zwölf Glieder des abhängigen Entstehens wächst in uns die Einsicht in die Art und Weise, wie unser Leben tatsächlich verläuft: das ständige Kreisen, Glied auf Glied, in diesem Kreislauf. Wenn uns deutlich wird, daß das unser eigentliches Leben ist, kann der starke Wunsch entstehen, sich aus diesem Kreislauf zu befreien. Und das ist die eigentliche Motivation, Entsagung zu entwickeln. Daher ist es sehr wichtig, sich für die Art und Weise der eigenen Existenz zu interessieren. Ohne dieses Interesse für die Zusammenhänge des Lebens kann sich auch kein Wunsch nach Befreiung aus den Fesseln des Daseinskreislaufs entwickeln.

Es gibt verschiedene Möglichkeiten, Interesse für etwas zu entwickeln. Das eigentliche Interesse an der Art und Weise unseres Lebens sollte durch klare Begründungen über den Wert einer solchen Beschäftigung belegt werden. Nur mit eindeutigen Begründungen wird unser Interesse echt, und es entsteht ein Vertrauen in die Dinge, die man verstehen will.

Was ist nun eine richtige Begründung? Eine richtige Begründung liegt vor, wenn die Erkenntnis, die man gewonnen hat, mit der tatsächlichen Existenz der Phänomene übereinstimmt. Wir konstruieren ständig Begründungen, die der Wirklichkeit nicht entsprechen. Alle Begründungen, die uns in den Sinn kommen, sind scheinbare Begründungen und haben keine wahre Essenz. Solche Begründungen sind deshalb auch nicht, was hier gemeint ist.

Wir müssen uns bewußt machen, daß wir ständig Schlußfolgerungen ziehen. Auch Tiere tun das. Ein durstiges Tier, das durch die Gegend streift und dann das Plätschern von Wasser vernimmt, wird dieses Geräusch so deuten, daß an dieser Stelle Wasser sein muß. Das Tier wird nicht in der Lage sein können, eine Schlußfolgerung zu formulieren oder auszusprechen. Aber es zieht den Schluß, daß Wasser da sein muß, weil es Wasser plätschern hört, es geht dorthin und es trinkt.

Wenn ein Hund die Spur eines Diebes verfolgt und den Geruch des Diebes in seinem Versteck wahrnimmt, dann sieht er den Dieb nicht. Der Geruch des Diebes ist nicht der Dieb. Dennoch weiß der Hund aufgrund des Geruchs, wo sich der Dieb befindet. Das Indiz für diese Schlußfolgerung ist der Geruch. Wir sehen an diesen Beispielen, daß auch Tiere zu Schlußfolgerungen fähig sind.

Der Mensch verwendet in weit größerem Ausmaß Schlußfolgerungen und Begründungen für viel komplexere Bereiche. Diese können wir mit denen der Tiere nicht vergleichen, die sich auf ganz einfache Dinge beziehen. Im Gegensatz zu denen des Tieres ist ein großer Teil der Schlußfolgerungen, die der Mensch zieht, aufgrund der komplexeren Zusammenhänge fehlerhaft. Aussagen, die häufig mit sehr wirren Gedanken verbunden sind, lassen falsche Schlußfolgerungen entstehen. Tiere haben diese Art von wirren Gedanken nicht. Der Mensch kann sich unglaublich viele Vorstellungen machen. Ein Tier dagegen kann sich höchstens ein oder zwei Dinge vorstellen.

Es ist wichtig für uns Menschen, daß wir richtige Begründungen erkennen und korrekte Schlußfolgerungen ziehen. Nur so werden wir den richtigen Weg finden und Fehler vermeiden.

Fragen und Antworten

F.: In einer mir bekannten Darstellung des Daseinskreislaufes sind zwei Personen in einem Boot dargestellt, und die Reihenfolge der zwölf Glieder scheint anders zu sein, als hier beschrieben wurde.

A.: Die Darstellung der zwei Personen im Boot bedeutet „Name und Form". Mit Name ist das Bewußtsein gemeint, das sich mit den körperlichen Substanzen der Eltern verbunden hat. Die Form ist die körperliche Substanz selbst.

In den Texten ist tatsächlich eine andere Reihenfolge

gegeben. Die Reihenfolge, die ich hier gewählt habe, ist die Reihenfolge, wie wir sie durch unsere eigenen Erfahrungen am besten nachvollziehen können. Die ersten drei Glieder habe ich in der Reihenfolge, wie sie in den Texten und den meisten Darstellungen zu finden sind, erklärt. Zwischen den nächsten drei Gliedern, Verlangen, Greifen und Werden habe ich die Glieder der Wirkungen eingeschoben. Ich habe die Reihenfolge didaktisch so gewählt, daß zuerst die Ursache und danach die darauf notwendig folgende Wirkung erklärt wurde. Ursache und Wirkung werden dadurch deutlicher hervorgehoben.

Die Vier Edlen Wahrheiten werden in den Schriften in folgender Reihenfolge aufgezählt:

- Die Wahrheit des Leidens
- Die Ursache des Leidens
- Die Beendigung des Leidens
- Der Weg, der zu dieser Beendigung führt.

Die Reihenfolge, in der diese Wahrheiten selbst erfahren werden, ist eine andere. Zuerst kommt die Ursache des Leidens, und dann erfährt man das Leiden. Dann muß der Weg zur Beseitigung des Leidens gegangen werden, um sich von den Leiden zu befreien.

Ertragen

Es fällt uns viel leichter, uns zu ärgern, als etwas zu ertragen. Das liegt daran, daß wir uns an das Ärgern gewöhnt haben. Dennoch liegt es an uns, ob wir uns ärgern oder etwas ertragen. Das Ertragen mag am Anfang etwas mühsamer und auch schwieriger sein. Doch der Haß, der durch Ärger entsteht, ist Grundlage für zukünftiges Leid für uns selbst und für andere. Das Ertragen dagegen ist die Grundlage für zukünftiges Glück für einen selbst und für andere.

Durch das Ertragen wird der Geist eine positive Entwicklung erfahren.

Eine Person wird von einer anderen gescholten. Wenn sich die gescholtene Person ärgert und daraufhin entsprechend negativ reagiert, regt sich die erste noch mehr auf, und alle Beteiligten erfahren dementsprechend Leid. Würde der Bescholtene sich im Ertragen üben und sich bewußt machen, daß das Ertragen zwar mit Anstrengung verbunden, aber letztlich eine heilsame Handlung ist, dann könnte er sich sogar darüber freuen und sein Geist würde ruhig bleiben. Die Bedrängnis durch den Ärger würde ausbleiben und der andere, der gescholten hatte, würde sich vielleicht schämen und sich ebenfalls beruhigen. Die ganze Situation hätte auf beiden Seiten einen positiven Ausgang.

III. Teil

Die „Drei Körper des Buddha" im Zusammenhang mit Tod, Zwischenzustand und Geburt

Unterweisungen im Dharma sollen möglichst vielen Lebewesen von Nutzen sein. Das Thema hat eine Verbindung mit Tantra. Ich werde die wichtigsten Dinge, die auf uns alle zukommen werden, erläutern: den Tod, den Zwischenzustand und das Annehmen einer neuen Existenz. Durch diese drei Ereignisse werden wir immer wieder durchgehen müssen. Wir bewegen uns unfreiwillig in diesem Kreislauf, und da die Natur des Kreislaufs Leiden ist, ist es notwendig, ihn zu beenden. Deswegen werde ich auch die Mittel erklären, die es uns ermöglichen, den Zyklus des Daseinskreislaufs zu durchbrechen.

Um diesen Kreislauf beenden zu können, ist es zunächst notwendig, die drei Zustände Tod, Zwischenzustand und Geburt in allen Einzelheiten zu verstehen. Danach lernt man die Mittel kennen, mit denen man die einzelnen Zustände besiegen kann. Und schließlich ist es auch notwendig, die Wirkungen, die durch die Beseitigung dieser drei Zustände erlangt werden, zu kennen.

Wollen wir ein Gefäß reinigen, dann müssen wir erkennen, was an diesem Gefäß verschmutzt ist und von welcher Art der Schmutz ist. Danach können wir das richtige Wasch- oder Lösungsmittel für die Art der Verschmutzung wählen und verwenden, um die erwünschte Reinheit des Gefäßes zu erreichen. In diesem Beispiel symbolisiert der Schmutz den Tod, den Zwischenzustand und die Geburt. Diese drei Zustände gilt es zu reinigen. Das Reinigungsmittel symbolisiert die Anwendung des Dharma. Der Weg des Dharma ist das Mittel, mit dem dieser Schmutz beseitigt werden kann. Die Reinheit des Gefäßes würde in diesem Beispiel dem Resultat entsprechen, das durch diese Reinigung zustande gekommen ist. Das Resultat der Reinigung sind die „Drei Körper des Buddha": Dharmakaya (der Weisheits-Wahrheitskörper), Sambhogakaya (der Körper des vollkommenen Erfreuens) und Nirmanakaya (der Ausstrahlungskörper). Diese „Drei Körper des Buddha" sind die eigentlichen Ziele, die wir erreichen sollten. Es sind die endgültigen, die höchsten Ziele, die es zu erlangen gibt. Sie sind die eigentlichen Körper des Buddha.

Um dieses Ziel der drei endgültigen Körper des Buddha zu erreichen, gibt es auf dem Weg wiederum drei ähnliche Körper, die auch Dharmakaya, Sambhogakaya und Nirmanakaya genannt werden. Sie sind aber nur ein Teil des Weges zum endgültigen Ziel. Es handelt sich hier nicht um die eigentlichen drei Körper des Buddha, sondern um Körper, die im Zusammenhang mit Sterben, Zwischenzustand und Geburt stehen. Und diese drei sollen „gereinigt" werden.

Ich werde die drei grundlegenden Körper, den Tod, den Zwischenzustand und die Geburt erläutern und auch die drei endgültigen Körper eines Buddha erklären.

Das Universum

Beginnen möchte ich mit Erklärungen über die Vorstellung der Entstehung des Universums oder der Welten, wie sie in den Schriften zu finden sind. Wir gehen normalerweise davon aus, daß die Welt, in der wir leben, die einzige Welt dieser Art ist. Das trifft aber nicht zu. Es gibt unzählige andere Welten, die kleiner oder größer sind als unsere. Manche sind unserer Welt ähnlich, andere unterscheiden sich völlig von unserer Welt. Wir müssen davon ausgehen, daß es unzählige andere Welten mit lebenden Wesen gibt. Die Formen, Erscheinungen und Zustände dieser Welten unterscheiden sich von unserer. In diesen verschiedenen Welten gibt es auch einige, in denen keine Lebewesen zu finden sind, die meisten jedoch sind bewohnt. Ebenso wie die verschiedenen Welten verschiedene Formen haben, so haben auch die Wesen, die in ihnen leben, ganz verschiedene Erscheinungen.

In jedem Augenblick entstehen und vergehen unzählige Lebewesen. Da wir so an unserer eigenen Welt hängen, beschäftigen wir uns auch nur mit dieser. Und wenn wir sterben, gehen wir davon aus, wieder in diese Welt geboren zu werden. Und wir glauben, daß der Daseinskreislauf nur in unserer Welt existiert. Das alles aber trifft in Wirklichkeit nicht zu.

Eine solche Denkweise wäre vergleichbar mit der Vorstellung, daß ein Vogel, der von einem Baum weggeflogen ist, wieder auf demselben Baum landen muß. Sie ließe es nicht zu, daß der Vogel sich einen Platz auf einem anderen Baum des Waldes aussuchen könnte. Vielleicht werden wir unsere neue Existenz in dieser Welt annehmen, aber viel wahrscheinlicher ist es, daß wir in irgendeiner anderen dieser unzähligen Welten eine neue Existenz annehmen werden.

Es gibt in diesem Beispiel jedoch einen Unterschied zu unserer Situation. Fliegt ein Vogel von einem Baum fort und landet dann auf einem anderen Baum, dann geschieht dies ganz nach seinem Willen. Wenn wir jedoch in eine neue Existenz wiedergeboren werden, haben wir keine freie Wahl hinsichtlich Zeit, Ort und Umstand dieser Geburt. Wir werden ganz entsprechend den Ursachen, das heißt dem Karma, das wir verursacht haben, in die entsprechende zeitliche und räumliche Umgebung als Resultat dieser Ursachen gelangen.

Fragen wir uns zum Beispiel in einem Konzert, woher all die Zuhörer im Raum gekommen sind, dann stellen wir fest, daß sie aus den unterschiedlichsten Richtungen erschienen sind. Das gleiche trifft auch auf unsere Wiedergeburten zu. Wir sind aus vielen verschiedenen Gründen und Richtungen hierhergekommen. Wenn wir uns auf den Rückweg begeben, werden wir in die verschiedensten Richtungen gehen. Übertragen wir diese Überlegung auf größere Zeiträume, in bezug auf unseren Geburtsort und wohin wir gehen werden, wenn wir sterben, dann trifft genau die gleiche Situation zu: Wir sind aus verschiedenen Richtungen gekommen und werden auch in verschiedene Richtungen verstreut werden.

Alle Wesen und die Welten, in denen die Wesen leben, sind vergänglich. Unsere Welt erscheint uns als etwas sehr Beständiges, das immer so bleiben wird; das trifft aber in Wirklichkeit nicht zu. Auch von unserer Welt wird eines Tages nichts anderes übrigbleiben als leerer Raum. In der Art ihres Bestehens haben die Welten und die darin lebenden Wesen eine gewisse Ähnlichkeit.

Eine häufige Ursache für den Tod der Lebewesen sind Krankheiten. Der letzte Anstoß, der den Tod verursacht, ist entweder das Element des Feuers, des Wassers oder der Luft. Ebenso wird die Welt durch Feuer, Luft oder Wasser zerstört. Es ist nicht notwendig, daß diese drei Elemente zusammen das Ende einer Welt verursachen. Jedes Element kann unabhängig von den anderen die Welt zerstören. Die verschiedenen Welten werden häufiger durch Feuer zerstört als durch die beiden anderen Elemente. Vergeht eine Welt, vergehen zur gleichen Zeit auch viele andere Welten, die mit dieser Welt eine Verbindung haben. In jedem Augenblick entstehen und vergehen unzählige Welten.

Was passiert mit den Wesen einer Welt wie der unseren, wenn sie zu Ende geht? Diese Wesen werden in einer anderen Welt, die zu diesem Zeitpunkt besteht, ein neues Leben nehmen. Wesen, die in der gleichen Welt oder in Welten mit entsprechenden Verbindungen leben, müssen nicht alle die gleiche Art und Weise des Bestehens haben. Sie müssen nicht einen ähnlichen oder gleichartigen Körper wie wir haben. Es ist möglich, daß Wesen in der gleichen Welt leben, sich aber gegenseitig nicht wahrnehmen können. In einer Welt, die ihrem Ende entgegengeht, sterben zuerst die Wesen dieser Welt, danach löst sich die Welt auf.

Umgekehrt entsteht zuerst die Welt und danach die Wesen, die diese Welt bevölkern werden. Ich werde kurz die Entstehung einer Welt, wie sie in den Schriften dargestellt wird, schildern. Eine Welt entsteht zuerst durch das Element des Wassers. Die Wesen, die in dieser Welt leben werden, haben ein gemeinsames Karma, das heißt: gemeinsame Ursachen angesammelt. Wenn die Ursachen ihr Resultat hervorbringen, ballen sich dadurch im leeren Raum Wolken zusammen. Es sind unvorstellbar gewaltige Wolkenmassen, die durch das besonders starke gemeinsame Karma dieser vielen Wesen angesammelt werden. Die Wolken führen zur Entstehung von Wasser im leeren Raum. Das Wasser wird durch das Element der Luft während einer langen Zeit in Bewegung versetzt. Im Laufe dieser Bewegung entsteht aus diesen Wasseratomen durch einen Verfestigungsvorgang das Element Erde. Das Wasser umgibt die Erde, und es entstehen Kontinente.

Die vorliegende Beschreibung entspricht der Entstehung einer Welt wie der unseren. Diese Beschreibung trifft nicht auf alle Arten von Welten zu. Ist die Welt vollständig entstanden, dann kommen die Lebewesen von anderen Welten und nehmen eine Geburt in dieser neu entstandenen Welt an.

Fünf Aggregationen	Äußere Zeichen der Auflösung der Aggregationen	Vier Urelemente	Zeichen für die Auflösung der Urelemente	Grundlegende Weisheiten	Zeichen für di Auflösung der grundlegende Weisheiten
Körper	Der Körper wird kraftlos und schlaff, Arme und Beine werden dünner und schwächer	Erde	Der Körper wird steif	Spiegelgleiche Weisheit	Verlust der Sehkraft, Farben und Gestalten werde nicht mehr erkannt
Empfindung	Verlust der körperlichen Empfindung	Wasser	Austrocknen der flüssigen Aspekte des Körpers	Weisheit der Gleichheit	Empfindunge und Gefühle des Geistes und Körpers lösen sich auf
Unterscheidung	Unfähigkeit, z.B. Personen zu unterscheiden bzw. zu erkennen	Feuer	Die Körperwärme sinkt	Untersuchende Weisheit	Die Fähigkeit Dinge zu erkennen und bewußt zu benennen geht verloren
Gestaltende Faktoren	Die Person kann sich nicht mehr bewegen	Wind	Die Zunge schrumpft und wird blau	Weisheit der Handlungen	Das Vermöge der Erinneru an Taten und Handlungen geht verloren
Bewußtsein	Das Bewußtsein der achtzig Konzeptionen				
	Das Bewußtsein der Weisheit der Erscheinung				
	Das Bewußtsein der weitläufigen Weisheit				
	Das Bewußtsein des Nahen Erreichens				
	Das ursprüngliche Bewußtsein				

102

Sinnesquellen	Zeichen für die Auflösung der Sinnesquellen	Innere Erscheinungen	Ursache für die inneren Erscheinungen	Äußere Zeichen
Gesichtssinn	Augen lassen sich nicht mehr bewegen	Erscheinungen ähnlich einer Fata Morgana	Das Erdelement als Träger des Bewußtseins löst sich auf	Der Körper verliert an Farbe und Ausstrahlung
Gehörsinn	Es werden keine äußeren u. inneren Töne mehr wahrgenommen	Erscheinung wie Rauch	Das Wasserelement löst sich auf	Der Puls wird schwach
Geruchssinn	Der Geruchssinn verliert seine Fähigkeit	Erscheinung, als wäre der Raum mit Feuerfunken gefüllt	Das Feuerelement löst sich auf	Die Atmung wird unregelmäßig
Geschmacksund Tastsinn	Die Kraft des Geschmackssinns schwindet, der Tastsinn und die Körperkontrolle gehen verloren	Erscheinung, wie das Licht einer ruhigen Kerzenflamme, die einen Raum erhellt	Das Windelement löst sich auf	Der Atem hört vollständig auf
			Alle Windenergien haben sich im Herz-Zentrum zusammengezogen	
Geistessinn		schwaches, weißliches Licht wie das des Mondes	Die weiße regenerative Substanz sinkt im Zentralenkanal	
		Schwaches rötliches Licht	Die rote regenerative Substanz steigt im Zentralenkanal	
		dunkle, unklare Erscheinung	Die weißen und roten regenerativen Substanzen treffen sich im Herz-Zentrum	
	Das klare Licht zum Zeitpunkt des Todes	klarer, leerer Raum	Erwachen aus der vollständigen Bewußtlosigkeit	Regenerative Substanzen verlassen den Körper: Nase und Geschlechtsorgane

Die Lebewesen

In den verschiedenen Religionen, aber auch in den Wissenschaften gibt es unterschiedliche Theorien über die Entstehung der Welt und der Menschen. Zu welcher Anschauung der einzelne neigt, liegt bei jedem selbst. Ganz gleich, welche Entstehungsgeschichte wir annehmen, das menschliche Wesen hat einen Körper und einen Geist. Der Geist des menschlichen Wesens ist abhängig von einem Körper.

Unser Weltsystem und unsere Umgebung unterliegen der ständigen Veränderung und dem ständigen Wechsel. Auch die Wesen, die diese Welt bewohnen, unterliegen den ständigen Veränderungen und dem Wechsel. Der Grund dafür ist, daß der Körper aus vier Elementen besteht: Erde, Wasser, Luft und Feuer. Das Entstehen unseres Körpers wird durch die Zusammensetzung dieser vier Elemente ermöglicht, und während des Lebens ist der Körper vollkommen davon abhängig.

Der Sterbeprozeß vollzieht sich, indem die Verbindungen, die wir während des Lebens mit diesen vier Elementen gehabt haben, sich langsam auflösen. Zum gegenwärtigen Zeitpunkt existieren wir in Abhängigkeit von fünfundzwanzig notwendigen Faktoren. Jeder dieser Faktoren hat eine ganz besondere Aufgabe, um unser Leben zu erhalten. Im Sterbeprozeß verlieren diese fünfundzwanzig Faktoren nacheinander ihre Fähigkeit, das Leben zu erhalten, und führen so langsam den vollständigen Tod herbei.

Der Sterbevorgang und wie man sich darauf vorbereitet

1. Die fünf Aggregationen und ihre Weisheiten

Die Person besteht aus fünf Aggregationen: das sind fünf physische und geistige Anhäufungen. Die erste ist die Aggregation des Körperlichen. Zum Zeitpunkt des Todes löst diese sich als erste auf. Mit der Auflösung der körperlichen Anhäufung verlieren weitere Faktoren ihre Fähigkeit. Danach lösen sich in der Folge die Aggregationen der Empfindung, der Unterscheidung, der gestaltenden geistigen Faktoren und weitere Faktoren, die jeweils zu diesen Bereichen gehören, auf. Als fünftes löst sich die Aggregation des Bewußtseins auf und mit ihr eine Reihe weiterer Faktoren.

Im Falle eines plötzlichen Todes, zum Beispiel bei einem Autounfall, ist nicht sicher, ob die Auflösung in der erwähnten Reihenfolge stattfindet. Möglicherweise verlieren sie alle zur gleichen Zeit ihre Funktionen. Die hier beschriebene Reihenfolge tritt beim Tod durch eine Krankheit ein, wenn die Person allmählich stirbt.

Solche Erklärungen sind nicht angenehm zu hören, da sie ja unseren eigenen Tod betreffen. Allerdings haben wir den Prozeß des Sterbens in der Vergangenheit unzählige Male durchlebt, und wir werden ihn in der Zukunft auch wieder unzählige Male durchlaufen. Das Sterben geht uns alle an. Deshalb ist es notwendig, über die verschiedenen Stadien des Sterbevorgangs Kenntnis zu haben. Zum Zeitpunkt des Todes dann werden wir die Stadien erkennen und damit richtig umgehen können. Zum diesem Zeitpunkt haben wir keine Möglichkeit mehr, körperliche Vorbereitungen zu treffen oder physische Mittel anzuwenden, dann helfen uns nur noch geistige Mittel und geistige Vorbereitungen.

2. Auflösung des Körperlichen

Wir sichern unser Leben vor allerlei Gefahren und Eventualitäten ab, die auf uns zukommen könnten. Aber die eigentliche „Versicherung" unseres Lebens ziehen wir meist nicht in Betracht: uns auf die Situation vorzubereiten, die ganz bestimmt auf uns zukommen wird, nämlich den eigenen Tod. Nähert man sich langsam seinem Tod, dann werden die verschiedenen Stufen der Erfahrung der Reihe nach durchlaufen. Löst sich die Aggregation des Körperlichen auf, wird der Körper kraftlos und schlaff, und die Arme und Beine werden dünner und schwächer.

Zu den fünfundzwanzig Faktoren gehören fünf grundlegende Weisheiten. Diese fünf Weisheiten sind nicht die Weisheiten, die zum Zeitpunkt der Buddhaschaft erlangt werden. Aber sie werden in Analogie zu den fünf Weisheiten des Buddha mit den entsprechenden Namen benannt. Die erste der fünf Weisheiten wird die „Spiegelgleiche Weisheit" genannt. Sie löst sich zusammen mit der Aggregation des Körperlichen auf. Die Funktion der Spiegelgleichen Weisheit ist, die verschiedenartigen Farben und Gestalten klar und deutlich wahrzunehmen. Im Moment können wir verschiedene Farben wie weiß und blau erkennen. Löst sich die „Spiegelgleiche Weisheit" auf, dann werden wir die verschiedenen Formen und Farben nicht mehr so klar wahrnehmen wie bisher. Zu diesem Zeitpunkt wird von den verschiedenen Sinnen der Gesichtssinn seine Kraft verlieren und sich auflösen. Solange unsere Augen gesund ist, können wir sie sehr leicht hin und her bewegen und uns verschiedene Dinge ansehen. Bei der Auflösung der Kraft des Gesichtssinns wird es schwer, die Augen zu bewegen, sie lassen sich nicht mehr öffnen und nicht mehr schließen.

Genauso, wie es äußere Formen und Klänge gibt, so haben wir auch in uns verschiedene Form- und Klangaspekte. Zu dem Zeitpunkt, zu dem sich die Aggregation des Körperlichen auflöst, wird auch der innere Formaspekt abnehmen. Seine Funktion ist es, unserem Körper eine angenehme Farbe und Ausstrahlung zu geben. Wenn der Formaspekt schwindet, wird unser Körper die frühere gute Farbe und Ausstrahlung verlieren und ganz bleich werden. Zu diesem Zeitpunkt wird auch das Element der Erde, auf dem unser Körper aufgebaut ist, sich auflösen, das heißt, das Element der Festigkeit wird seine Aufgabe nicht mehr erfüllen. Zeichen dieser Auflösung sind: Die Glieder schrumpfen und werden schwächer. Es tritt eine gewisse Trockenheit im Körper ein.

Es ist wichtig, die verschiedenen Stadien in diesem Prozeß gut zu verstehen. Wenn die verschiedenen Zeichen auftreten, kann das Denken ganz darauf gerichtet und die entsprechenden Mittel können angewendet werden, damit umzugehen. Dieser Zeitpunkt ist sehr wichtig, und es wäre schädlich, sich dann mit unnützen Gedanken zu beschäftigen. Zu diesem Zeitpunkt sollte man sich an alle Zusammenhänge erinnern und den Geist auf die richtigen Gedanken lenken und führen. Wenn man sich zur Lebenszeit nicht an solche Gedanken gewöhnt hat, dann wird man zum Zeitpunkt des Todes ganz verloren sein. Deswegen ist es notwendig, sich so früh wie möglich an diese Gedanken zu gewöhnen und die verschiedenen Punkte einzuüben.

Ein weiterer Vorteil der Kenntnis der Vorgänge beim Sterben ist es, anderen im Prozeß des Sterbens von Nutzen zu sein. Wenn man die verschiedenen Merkmale und Zeichen sieht, die bei einem Sterbenden auftreten, kann man Rückschlüsse auf seinen Zustand ziehen und ihm entsprechend helfen, einen ruhigen Geist zu bewahren. Alles, was Angst und Unruhe erzeugen könnte, sollte dabei vermieden werden.

3. Auflösung der Empfindung

Als nächstes löst sich die Aggregation der Empfindung auf und damit eine weitere Gruppe verschiedener Faktoren. Die Gefühlsaggregation erlaubt es uns, die verschiedenen

Empfindungen, seien es angenehme, unangenehme oder neutrale, festzustellen. Löst sich die Aggregation der Empfindung auf, dann löst sich auch die Fähigkeit auf, körperliche Gefühle wahrzunehmen. Die grundlegende „Weisheit der Gleichheit" kann ihre Aufgabe nicht mehr erfüllen und löst sich auf. Die Aufgabe dieser Gleichheitsweisheit ist es, verschiedene Empfindungen des Körpers und des Geistes wahrzunehmen und zu erfahren. Zusammen mit dieser Empfindungsaggregation löst sich die Kraft des Gehörsinns auf, und wir können keine äußeren und inneren Töne mehr wahrnehmen. Wenn wir im lebendigen Zustand unsere Ohren verschließen, können wir ein inneres Rauschen wahrnehmen. Auch dieser Ton ist dann nicht mehr wahrnehmbar.

Zu diesem Zeitpunkt trocknen alle flüssigen Aspekte des Körpers wie Schweiß, Urin, Blut und regenerative Flüssigkeiten, zum größten Teil ein. Der Puls wird sehr schwach, und wir können ihn nicht mehr deutlich fühlen.

4. Auflösung der Unterscheidung

Dann löst sich die Aggregation der Unterscheidung auf. Mit ihrer Hilfe ist es gewöhnlich möglich, zum Beispiel verschiedene Personen wie Verwandte, Eltern und Familienmitglieder bewußt zu unterscheiden. Löst sich diese Anhäufung der Unterscheidung auf, dann ist es für den Sterbenden nicht mehr möglich, Personen oder Dinge zu unterscheiden. Von den verschiedenen grundlegenden Weisheiten verliert die „Untersuchende Weisheit" ihre Fähigkeit. Die Fähigkeit der analytischen Weisheit ist, verschiedene Dinge zu erkennen und bewußt zu benennen. Man kennt den Namen des Vaters und der Mutter und man kann die Benennung der verschiedensten Dinge unterscheiden. Diese Fähigkeiten werden durch die analytische Weisheit gegeben. Löst sie sich auf, dann kann der

Sterbende sich nicht mehr an die Namen der verschiedenen Dinge erinnern. Gleichzeitig löst sich das Feuerelement im Körper auf, und die Wärme des Körpers sinkt.

Das ist ein wichtiger Zeitpunkt, weil er Hinweise auf die Art der zukünftigen Wiedergeburt gibt. Bei einer sterbenden Person, die aufgrund früherer heilsamer Handlungen in der Zukunft eine günstige Wiedergeburt erwarten kann, wird die Wärme von den Füßen aufwärts abnehmen. Negatives Karma, das zu diesem Zeitpunkt heranreift, führt zu einer Wiedergeburt im elenden Dasein. Beim Sterbenden wird die Körperwärme vom Kopf aus abwärts entweichen. Weitere ungünstige Zeichen sind: Der Sterbende klagt über den Mangel an Wärme und verlangt nach mehr Decken. Andere klagen über eine zu große Hitze. Ein weiteres ungünstiges Zeichen ist, wenn der Sterbende das Gefühl hat, hinunterzugleiten, und darum bittet, wieder heraufgezogen zu werden. Meistens werden solche Zeichen von den Anwesenden nicht bemerkt, da diese Erlebnisse dem Sterbenden in seinem Geist erscheinen.

Aufgrund solcher Erscheinungen bittet er um die entsprechenden Dinge. Im Geistkontinuum der Menschen sind die verschiedenen Eindrücke früherer Handlungen gespeichert, und sie sind als geistige Potentiale ständig vorhanden. Zum Zeitpunkt des Todes reifen einige dieser geistigen Potentiale, sie kommen dann deutlicher zum Vorschein und verursachen die entsprechenden Erscheinungen, die der Sterbende wahrnimmt. Die Eindrücke, die zu diesem Zeitpunkt reif werden, bestimmen die zukünftige Existenz dieser Person. Durch die Erscheinungen wird entsprechendes Verlangen in der Person erzeugt, das dann zum nächsten Leben führen wird.

Bevor der volle Mond am Horizont erscheint, ist sein Licht am Himmel schon wahrzunehmen. Das Licht selbst ist nicht der Mond, sondern ein Zeichen für den aufgehenden Mond; entsprechend sind die Erscheinungen beim Sterbenden Zeichen für das Reifwerden früherer Ursachen.

Zu diesem Zeitpunkt vermindert sich auch der Geruchssinn, und die Atmung wird sehr unregelmäßig. Der Sterbende atmet heftig und lang aus, er atmet kurz und schwach ein. Wenn der Geruchssinn abnimmt, können Gerüche nicht mehr wahrgenommen werden – ganz gleich, welche Gerüche den Sterbenden umgeben.

Der Zerfall des Körpers gleicht dem Zerfall eines Gebäudes, das auf vielen Säulen steht. Eine Säule nach der anderen fällt ein, bis das ganze Gebäude zerstört am Boden liegt. Dementsprechend ist zu diesem Zeitpunkt auch der Zerfall des Körpers eingetreten. Wir sollten diese Vorgänge genau kennen, denn es ist nicht schwer, darüber nachzudenken und die Zusammenhänge zu verstehen. Da wir früher oder später den Tod zu erfahren haben, ist es wichtig, sich mit dem Sterbevorgang auseinanderzusetzen.

5. Auflösung der gestaltenden Faktoren

Die nächste Aggregation, die sich auflöst, ist die Aggregation der gestaltenden Faktoren. Damit verliert die Person die Fähigkeit, sich zu bewegen. Unter den grundlegenden fünf Weisheiten löst sich jetzt die vierte, die „Weisheit der Handlungen", auf. Sie trägt das Vermögen der Erinnerung hinsichtlich der Taten und Handlungen. Wenn sich diese Weisheit auflöst, dann geht mit ihr diese Fähigkeit verloren. Auch der Geschmackssinn schwindet zu diesem Zeitpunkt. Die Zunge ist, wenn der Geschmackssinn noch vorhanden ist, flach und beweglich. Mit der Auflösung des Geschmackssinns schrumpft die Zunge, sie wird dick, und die Wurzel der Zunge wird blau. Jetzt ist es für den Sterbenden auch nicht mehr möglich, klar und deutlich zu sprechen. Auch der innere Geschmacksaspekt des Körpers löst sich zu dieser Zeit auf, und die sterbende Person kann in diesem Zustand keinen Geschmack mehr wahrnehmen. Der Tastsinn und die Berührungsempfindung lösen sich ebenfalls auf, und die Person verliert die Fähigkeit der Körperkontrolle, da sie keine Berührung mehr spürt.

Von den vier Elementen schwindet zu diesem Zeitpunkt das Element des Windes, und der Atem hört vollständig auf. Das Aufhören des Atems wird allgemein als das endgültige Zeichen des Todes gewertet. Das ist eine weitverbreitete Meinung.

Gehen wir äußeren, weltlichen Aktivitäten nach, dann unterliegen diese Aktivitäten der Kontrolle des Geistes. Die Funktionen des Geistes sind ihrerseits abhängig von den subtilen Windenergien. Ohne die Unterstützung der subtilen Windenergien könnte der Geist nicht bestehen. Solange also die subtilen Windenergien existieren, existiert auch der Geist noch am gleichen Ort, da beide vollständig voneinander abhängen. Der Geist und die subtilen Windenergien ermöglichen es, den Körper zu bewegen und Worte zu sprechen. Existiert eines von beiden, dann ist auch das andere noch vorhanden.

Es werden in den Schriften verschiedene Arten von Windenergien beschrieben. Zu unterscheiden ist die Luft, die durch die Nase eingeatmet wird, von den Windenergien, die den Körper durchfließen. Im Prozeß des Sterbens, wenn die Atmung aufgehört hat, haben sich alle Windenergien im Herzzentrum zusammengezogen.

Ein Vergleich: Wird ein Raum von einigen Lampen beleuchtet, dann ist es darin hell, solange sich die Lampen im Raum befinden. Stellt man dagegen die leuchtenden Lampen in einen Schrank des Raumes, dann verschwindet damit auch die Helligkeit im Raum.

Hört bei einer sterbenden Person der Atem auf, so weiß man, wenn man die verschiedenen Zeichen des Sterbevorgangs kennt, daß sich die Windenergien im Herzzentrum zusammengezogen haben. Zu diesem Zeitpunkt haben sich die vier Aggregationen aufgelöst. Die meisten Leute betrachten diesen Zeitpunkt als den eigentlichen Tod der Person, obwohl in Wirklichkeit immer noch die fünfte Aggregation des Bewußtseins vorhanden ist.

Im lebendigen und gesunden Zustand des Körpers durchfließen die Windenergien den gesamten Körper. Die verschiedenen Kanäle, Nerven und Adern befinden sich in einem guten Zustand, und dadurch können sich die Windenergien sehr leicht durch den Körper bewegen. Im Sterbeprozeß verliert der Körper seine Kraft und Festigkeit und damit verlieren die verschiedenen Kanäle auch ihre Fähigkeit, die entsprechenden Substanzen zu leiten. Es ist für die Windenergien nicht mehr möglich, durch den Körper zu fließen.

Diese Windenergien sollte man sich nicht als Wind oder Luft vorstellen, wie sie in der Natur vorkommen. Es sind sehr subtile Energien, die mit dem Bewußtsein in unzertrennlicher Verbindung stehen.

Nach der Auflösung der ersten vier Aggregationen haben sich die Windenergien im Herzzentrum zusammengezogen. Der Atem hat aufgehört, und es werden auch keine weiteren äußeren Zeichen wahrzunehmen sein. Jetzt beobachtet der Sterbende innere Zeichen, die seinem Geist erscheinen. Diese Erscheinungen sind keine äußeren Wahrnehmungen.

Fragen und Antworten

F.: Hat die sterbende Person die Fähigkeit, die verschiedenen Stadien der Auflösung wahrzunehmen, wie es hier erklärt wurde?

A.: Damit man zum Zeitpunkt des Sterbens die verschiedenen Stadien erfassen kann, ist es notwendig, sich während des Lebens mit dem ganzen Prozeß des Sterbens gut bekannt zu machen und immer wieder darüber nachzudenken. Diese Gedanken müssen regelrecht eintrainiert und geschult werden. Zum Zeitpunkt des Todes treten diese Zeichen auf, und die Bekanntschaft mit diesen Gedanken und Bildern bewirkt, daß der Sterbende sich daran erinnern kann. Es ist sehr wichtig, daß wir uns schon früh mit diesem Prozeß und den verschiedenen Bildern genau vertraut machen. Zum Zeitpunkt des Sterbens wird die Krankheit, die zum Tode führt, uns in eine schwierige Lage bringen. Zusätzlich kommt die Angst vor dem Tod und die Angst, im Sterben zu liegen. Der Geist wird durch Reue oder durch Anhaftung aufgewühlt, so daß er diese Vorgänge nicht erkennen kann. Hat man den Geist vorher durch entsprechende Gedanken geschult, wird es einfacher, diese Zeichen wahrzunehmen.

F.: Hat dieser Vorgang eine bestimmte Zeitspanne?

A.: Es gibt keine festgelegte Zeitspanne, in der dieser Prozeß abläuft. Das hängt von vielen Faktoren, z. B. von der Krankheit ab, durch die eine Person sterben wird.

F.: Gesetzt, eine Organspende findet nach dem klinischen Tod statt; welche Folgen hat das?

A.: Durch Eingriffe nach dem klinischen Tod besteht die Gefahr, daß der Prozeß des eigentlichen Todes beschleunigt wird. Der Arzt, der diesen Eingriff unternimmt, will diese Person nicht töten, sondern einer anderen Person helfen. Deswegen besteht kein großer Fehler und damit kein großer Nachteil in dieser Handlung.

F.: Wenn sich zum Zeitpunkt der Auflösung der Unterscheidungsaggregation auch die grundlegende Weisheit, die analytische Weisheit, auflöst, wie ist es dann möglich, verschiedene Dinge zu erkennen?

A.: Das ist möglich, denn die Aufgabe der analytischen Weisheit ist es lediglich, die Namen der verschiedenen Dinge mit den Dingen selbst korrekt zu verbinden. Wenn diese Fähigkeit verlorengeht, heißt das nicht, daß auch die Fähigkeit, verschiedene Dinge einfach zu erkennen, ohne sie zu benennen, damit verlorengegangen ist. Wenn die Untersuchende Weisheit sich aufgelöst hat, dann ist die Fähigkeit, die Namen von verschiedenen Objekten mit den Objekten selbst zu verbinden, auch nicht mehr vorhanden. Die gröberen Zustände des Geistes haben sich aufgelöst, aber die subtilen Geisteszustände sind immer noch vorhanden. Dadurch ist es möglich, verschiedene Erscheinungen weiterhin wahrzunehmen.

F.: Woher kommt das Wissen der hier besprochenen Erfahrungen?

A.: Manche der Erklärungen haben wohl Ähnlichkeit mit dem Bardo Thödröl, dem tibetischen Totenbuch, wie es auch genannt wird. Ich selbst habe dieses Buch nicht gelesen.

Ein Ursprung dieser Texte und Erklärungen ist der, daß weit entwickelte Meister mit hohen Stufen der Erkenntnisfähigkeit durch diese Stadien hindurchgehen und den Prozeß des Todes in einer Meditation erfahren. Danach können die entsprechenden Erklärungen gegeben werden. Ein anderer Ursprung solcher Erklärungen stützt sich auf weit fortgeschrittene tantrische Übungen und Meditationen, in denen man absichtlich durch einen ähnlichen Prozeß wie den des Todes geht. Es werden genau die gleichen Zustände hervorgerufen und genau die gleichen Wege durchlaufen. Das Schwinden der entsprechenden Elemente und Aggregationen wird genau wie im Prozeß des Todes durchgeführt. Der einzige Unterschied besteht darin, daß es im Tod unfreiwillig geschieht, in den Meditationen dagegen ganz bewußt und unter der eigenen Kontrolle durchgeführt werden kann. Dem Meditierenden erscheinen genau die gleichen Zeichen und Erfahrungen, wie sie eine sterbende Person, die unfreiwillig durch den Prozeß des Todes geht, erfährt.

Wir fragen uns vielleicht, was der Zweck solcher Meditationen sein könnte. Ihr Ziel ist im allgemeinen, die Verblendungen des Geistes zu beseitigen. Im Prozeß des Sterbens werden die verschiedenen Windenergien ins Herzzentrum zurückgezogen. Damit ist den Konzeptionen wie den Verblendungen des Geistes die Grundlage genommen, und sie lösen sich auf.

Im unfreiwilligen Prozeß des Todes nehmen wir nach dem Tod wieder Geburt an, und damit treten die alten Verblendungen wieder auf. So bringt der unfreiwillige Tod nur eine kurze vorübergehende Freiheit von diesen Verblendungen.

In den fortgeschrittenen Meditationen wird der gleiche Prozeß dafür verwendet, die Verblendungen des Geistes zu eliminieren, indem man ihnen die Grundlage entzieht. Die entsprechenden Windenergien werden absorbiert, und dadurch werden die Verblendungen vollständig beseitigt. Das führt zu einer permanenten Freiheit von diesen Verblendungen. Es treten zwar die gleichen Erscheinungen wie bei einem gewöhnlichen Tod auf, das Ziel ist jedoch die vollständige Befreiung und Loslösung von den Verblendungen des Geistes.

Die Erscheinungen während des Sterbevorgangs

Erinnern wir uns an die Beschreibung, die bei der Auflösung der Aggregation des Körperlichen gegeben wurde. Dem Sterbenden erscheinen Dinge, die einer Fata Morgana ähneln. Der Grund dafür ist, daß sich zu diesem Zeitpunkt das Erdelement als Träger des Bewußtseins vollständig aufgelöst hat und dadurch das Wasserelement zum Träger des Bewußtseins wird.

Wenn sich die Aggregation der Empfindung auflöst, dann erlebt die sterbende Person eine Erscheinung wie Rauch. Sie sieht Gegenstände, als befänden sie sich in einem verrauchten Zimmer. Diese Zeichen erscheinen dem Sterbenden in seinem Bewußtsein, sie werden nicht durch seine Sinnesorgane hervorgerufen. Der Grund für diese rauchartige Erscheinung ist die Auflösung des Wasserelements. Dafür tritt jetzt das Feuerelement als Träger des Bewußtseins in den Vordergrund.

Wenn die Unterscheidungsaggregation sich auflöst, erfährt die sterbende Person eine Erscheinung, als ob der ganze Raum mit kleinen Feuerfunken gefüllt wäre. Der Grund dafür ist, daß sich zu diesem Zeitpunkt das Feuerelement auflöst und dadurch das Element des Windes Träger des Bewußtseins wird. Das ist die Ursache dieser Erscheinung. Es ist gewissermaßen ein Zeichen dafür, daß das Element Wind das Feuerelement wegbläst.

Und wenn die Aggregation der gestaltenden Faktoren sich auflöst, erscheint der sterbenden Person ein Bild ähnlich einer ruhigen Kerzenflamme, die ein Zimmer schwach erhellt. Zu diesem Zeitpunkt sind alle Windenergien im Herzzentrum zusammengezogen, sie fließen nicht mehr durch den Körper. Umstände, die den Geist in Bewegung bringen, ihn stören und beeinflussen können, sind nicht mehr vorhanden. Dadurch wird das ru-

hige Bild des Lichts wie das einer Kerzenflamme verursacht.

1. Die Auflösung des Bewußtseins

Zu diesem Zeitpunkt ist nur noch die Aggregation des Bewußtseins vorhanden. Alle groben Sinnesbewußtseine haben sich aufgelöst und existieren nicht mehr. Es sind noch
die fünf Arten des Bewußtseins vorhanden, die sich auch
noch auflösen werden: Das Bewußtsein der achtzig Konzeptionen, das Bewußtsein der Weisheit der Erscheinung,
das Bewußtsein der Weitläufigen Weisheit, das Bewußtsein des Nahen Erreichens und das Ursprüngliche Bewußtsein.

2. Das Bewußtsein der achtzig Konzeptionen

Das Bewußtsein der achtzig Konzeptionen ist wesentlich
subtiler als die Sinnesbewußtseine, die sich schon aufgelöst haben. Die Aggregation des Bewußtseins hat fünf
Feinheitsstufen. Die Auflösung des Bewußtseins findet in
der Reihenfolge vom groben zum subtilen Bewußtsein
statt. So wird das Bewußtsein der achtzig Konzeptionen
als das gröbste der fünf angesehen. Zu den achtzig Konzeptionen gehören unheilsame Geistesfaktoren wie Geistesverblendungen und heilsame Geistesfaktoren wie Erbarmen und Mitgefühl. Zum Zeitpunkt des Todes lösen
sich selbst so heilsame Geisteszustände wie Erbarmen
und Mitgefühl auf. Der Grund dafür ist, daß jede dieser
achtzig Konzeptionen eine Windenergie als Grundlage
hat, die die Geisteszustände unterstützt. Die achtzig Konzeptionen sind in ihrer Natur nicht von den Windenergien
zu unterscheiden, dennoch sind ihre Aspekte verschieden.
Wenn sich die Windenergien auflösen, löst sich die Basis
dieser Konzeptionen auf und damit auch sie selbst. Das
heißt aber nicht, daß sie vollständig verschwinden: sie
bleiben weiterhin als Potentiale erhalten.

Die Windenergien ziehen sich ins Herzzentrum zurück und verursachen die Auflösung der Konzeptionen. Die Ursache für das Zurückziehen der Windenergien ins Herzzentrum ist, daß durch das Schwachwerden des Körpers die Energiekanäle, durch die die Windenergien fließen, unbrauchbar werden. Das Herzzentrum wird auch Herz-Chakra genannt. Chakra heißt „Rad", aber man sollte sich weniger ein Rad darunter vorstellen als einen Umschlingungsbereich der Energiekanäle. Wenn die Energiekanäle ihre Aufgabe nicht mehr erfüllen können, lockern sich die Umschlingungsbereiche, und die Windenergien, die in diesen Kanälen zirkulieren, werden gezwungen, sich mehr und mehr in das Herzzentrum zurückzuziehen. Nachdem die gröbste der fünf Bewußtseinsarten sich aufgelöst hat, bleiben noch die vier weiteren, subtileren übrig, die sich der Reihe nach auflösen werden. Nach der Auflösung des Bewußtseins der achtzig Konzeptionen erfährt die Person etwas, was die „Weisheit der Erscheinung" genannt wird.

3. Das Bewußtsein der Weisheit der Erscheinung

Das Bewußtsein der Weisheit der Erscheinung ist wesentlich feiner und subtiler als das Bewußtsein der achtzig Konzeptionen. Es ist aber das gröbste der noch vorhandenen vier. Zum Zeitpunkt dieser Weisheit der Erscheinung erfährt der Sterbende eine schwache und äußerst feine Erscheinung. Die Erscheinung, die er jetzt sieht, ist ein schwaches weißliches Licht, ähnlich dem Licht des Mondes. Die weißliche Erscheinung ist ein inneres Erlebnis. Es gibt kein äußeres Licht, das die Person zu diesem Zeitpunkt wahrnehmen könnte. Alle diese Erscheinungen sind innere Erlebnisse, die durch innere Umstände verursacht werden. Die Dauer des Zustandes ist je nach Person unterschiedlich. Nachdem die Person eine Zeitlang in diesem Zustand verblieben ist, wird die Windenergie, die dieses

Bewußtsein unterstützt, in den Zentralen Kanal zurückgezogen. Damit löst sich auch dieses Bewußtsein auf.

Wenn der Energiewind, der ein bestimmtes Bewußtsein
unterstützt, absorbiert wird, dann hat es keine Möglichkeit mehr, weiterhin zu existieren, da es in seiner Natur
mit dieser Windenergie verbunden ist. Die Kontinuität
dieses Bewußtseins wird allerdings nicht unterbrochen,
sondern als Eindruck zurückgezogen, d. h., es existiert in
einer potentiellen Form weiter. Wenn sich die Weisheit
der Erscheinung aufgelöst hat, dann bleiben noch drei Be-
wußtseinsstufen übrig.

4. Das Bewußtsein der Weitläufigen Weisheit
Die gröbste von den verbleibenden drei Bewußtseinsstu-
fen wird „Weitläufige Weisheit" genannt. Das innere Erlebnis zu diesem Zeitpunkt ist ein schwaches, rötliches
Licht, ähnlich dem Licht, das in der frühen Morgendämmerung zu beobachten ist. Natürlich beobachtet der Sterbende nicht das Licht der Morgendämmerung, sondern
ein inneres Erlebnis, das diesem Licht ähnelt.

Auch dieser Zustand dauert bei verschiedenen Menschen unterschiedlich lang. Nach einer gewissen Zeit löst
sich die Weisheit der Weitläufigkeit auf und wird ganz absorbiert. Der Auflösungsvorgang gleicht den anderen. Die
Windenergie, die dieses Bewußtsein unterstützt, wird absorbiert, und damit wird auch das Bewußtsein, das mit
ihm verbunden ist, gezwungen, sich aufzulösen und in
seiner rein potentiellen Natur weiterzuexistieren. Zu diesem Zeitpunkt sind noch zwei Stufen von Bewußtsein
vorhanden, die sich danach noch auflösen werden.

5. Das Bewußtsein des Nahen Erreichens
Die nächste Bewußtseinsstufe, die sich auflösen wird,
wird die Weisheit des „Nahen Erreichens" genannt. Das

innere Erlebnis zu diesem Zeitpunkt ist eine dunkle und unklare Erscheinung, die keine unterscheidbaren Farben hat.

Dieser Zustand hat zwei Teile. Zuerst erfährt die Person die dunkle und unklare Erscheinung, und anschließend bleibt sie in einem vollkommen bewußtlosen Zustand. Die Zeitdauer dieses Zustandes hängt vom Individuum ab. Nachdem die Person eine Zeitlang in diesem bewußtlosen Zustand gewesen ist, wird sie wieder erwachen.

6. Das Ursprüngliche Bewußtsein

Das Bewußtsein, das nach dem Erwachen aus dem bewußtlosen Zustand noch vorhanden ist, ist das subtilste Bewußtsein, das in diesem Leben vorkommen kann. Der Person erscheinen zu diesem Zeitpunkt weder Formen noch Farben, die Erscheinung ist wie ein klarer, leerer Raum. Dieses Bewußtsein ist seit undenklicher Zeit mit uns verbunden, und wir haben immer mit diesem subtilen Bewußtsein existiert.

Obwohl der subtile Bewußtseinszustand stets vorhanden ist, gibt es nur zwei Möglichkeiten für ihn, deutlich zutage zu treten. Eine dieser Möglichkeiten ist der letzte Zeitpunkt des Sterbens, so wie ich es ausgeführt habe. Die andere Möglichkeit, dieses subtilste Bewußtsein zu erfahren, ist die durch weit fortgeschrittene tantrische Meditationen. Normalerweise können wir die gröberen Bewußtseinszustände wie das Bewußtsein der achtzig Konzeptionen deutlich wahrnehmen. Die subtileren Bewußtseinszustände dagegen erscheinen nicht deutlich, sondern sind in einer potentiellen Form vorhanden. Das ist der Grund, warum der subtilste Bewußtseinszustand zu keinem anderen Zeitpunkt als zu den erwähnten deutlich hervortreten kann.

In den Schriften wird der subtile Bewußtseinszustand

mit verschiedenen Namen benannt. Einer davon ist „Ur-
sprünglicher Geist" oder „Innewohnendes Bewußtsein".
Das gleiche Wort wird auch für Mönche verwendet, die
von Anfang an in einem Kloster leben. Sie werden die
„Ständigen" oder die „Innewohnenden" oder „Die-von-
Anfang-an-da-waren" genannt. Im Gegensatz dazu werden
die, die nur von Zeit zu Zeit in das Kloster kommen oder
zu einem anderen Kloster gehören, die „Momentanen" genannt. Entsprechend wird auch der Bewußtseinszustand
der „innewohnende" oder der „ständige" Bewußtseinszustand genannt. Aber dieser Bewußtseinszustand wird uns
meistens nicht deutlich. Die Erscheinung, die der subtilste Bewußtseinszustand wahrnimmt, ist ein inneres Erlebnis. Dieser Bewußtseinszustand nimmt den äußeren
Raum nicht wahr.

Das Bewußtsein zum tatsächlichen Zeitpunkt des Todes ist das Ursprüngliche Bewußtsein. Dieses subtilste Bewußtsein wird in den Schriften der grundlegende Dharmakaya genannt. Es ist aber notwendig, daran zu erinnern,
daß es sich nicht um den wirklichen Dharmakaya handelt: dieser ist nur im Kontinuum eines Buddha vorhanden. Auch ist es nicht der Dharmakaya auf dem Weg, sondern der grundlegende Dharmakaya, der mit diesem
Namen belegt worden ist. Dieser Zustand des subtilen Bewußtseins wird auch das „Klare Licht zum Zeitpunkt des
Todes" genannt.

Auch für diese Bezeichnung ist es wichtig, festzustellen, daß es sich dabei nicht um das eigentliche „Klare
Licht" handelt, sondern nur um eine Benennung. Dieser
subtile Bewußtseinszustand kann über einen längeren
Zeitraum zum Vorschein kommen oder auch nur einen
kurzen Moment dauern.

Das tatsächliche Klare Licht kann in zwei Bereiche ge-
teilt werden: das objektive Klare Licht und das subjektive

Klare Licht. Das objektive Klare Licht ist die Leerheit selbst, das subjektive Klare Licht ist die Weisheit oder das Bewußtsein, das die Leerheit direkt erkennt. Bei gewöhnlichen Wesen ist das Klare Licht zum Todeszeitpunkt allerdings weder das objektive Klare Licht noch das subjektive Klare Licht. Die Dauer dieses Stadiums ist ungewiß. In den meisten Fällen jedoch dauert es drei Tage. Erklärungen dazu sind in den Schriften zu finden. Bei alten Menschen, die nach einer langen Krankheit sanft und friedlich sterben, kann der Zeitraum wesentlich länger als drei Tage dauern. Jemand, der während des Lebens ein klares Verständnis der Leerheit erlangt hat, hat die Möglichkeit, länger in diesem Stadium zu bleiben. Er kann in diesem Zustand bleiben, solange er möchte.

In dem so dargestellten Prozeß werden auch die entsprechenden inneren Erlebnisse beschrieben, die die sterbende Person erfährt. Für jemanden, der kein besonderes Interesse an den verschiedenen Erscheinungen hat und auch nichts darüber gehört hat, für den sind die Erscheinungen im Prozeß des Sterbens eher unterhaltend, und er wird mit ihnen nichts anfangen können. Wenn eine geistig ungeschulte Person in den letzten Zustand des Lebens tritt, in dem das subtilste Bewußtsein zum Vorschein gekommen ist, erscheint dieser Person zwar diese Sphäre der Leere, aber es bleibt bei der Erscheinung. Die Person hat nicht die Fähigkeit, ihre Bedeutung zu erkennen.

Wenn man dagegen in seinem Leben diese Vorgänge genau studiert und sie richtig versteht, wenn man dieses Verständnis auch in der Meditation anwendet und in allen diesen Punkten schult, dann ist es möglich, zum Zeitpunkt des Todes die verschiedenen Prozesse genau wahrzunehmen. Obwohl das Bewußtsein feiner und feiner wird, wird eine sehr subtile Intelligenz oder ein subtiler Aspekt des Bewußtseins die Möglichkeit haben festzustellen, in welchem Zustand man sich befindet und was mit einem in diesem Zustand vorgeht.

Für einen im Verständnis der Leerheit Geübten, der dieses Verständnis in der Meditation gefestigt hat und eine entsprechende Erfahrung von Leerheit gemacht hat, ist dieser Zustand sehr hilfreich. Auch wenn er die Leerheit noch nicht vollständig verwirklicht hat, kann er den Zustand nutzen, um die Leerheit richtig und klar zu erkennen. Das Erkennen der Leerheit hat zu diesem Zeitpunkt eine ganz besonders starke Wirkung, denn es ist der subtilste Bewußtseinszustand, der die Leerheit erkennt. Jetzt ist es möglich, das „Mutter-Klare-Licht" und das „Sohn-Klare-Licht" miteinander zu verbinden. Unter Mutter-Klarem-Licht wird das grundlegende Klare Licht des Todes verstanden. Unter Sohn-Klarem-Licht versteht man die durch Meditation gewonnene Erkenntnis der Leerheit zu diesem Zeitpunkt. Die Meditation, die diese beiden während des Zustands des Klaren Lichts des Todes miteinander verbindet, heißt „Verbinden von Mutter- und Sohn-Klarem-Licht". In dieser Meditation werden beide zu einer Natur.

In der Vergangenheit sind wir unzählige Male durch den Prozeß des Sterbens hindurchgegangen, und damit ist auch das subtile Bewußtsein, das Klare Licht des Todes, unzählige Male zum Vorschein gekommen. Obwohl dies der Fall war, haben wir es nie benutzen können, da wir die Mittel und Wege, diesen Zeitpunkt sinnvoll zu nutzen, nicht kannten. Das Klare Licht des Todes ist in diesem Zustand oft eingetreten, und wir haben die entsprechenden Erscheinungen erlebt, aber wir konnten sie nicht richtig deuten, und so ist dieser Zustand verlorengegangen.

Durch die Erkenntnis der Leerheit und durch die Anwendung von fortgeschrittenen tantrischen Meditationen ist es möglich, den Zustand des Klaren Lichts des Todes auszunutzen. Es gilt, diesen für gewöhnliche Menschen ganz normalen Zustand, der im Sterbeprozeß auftritt, eben nicht als normalen Zustand verstreichen zu lassen, sondern ihn dazu zu verwenden, dem Sterben ein Ende zu machen.

Wenn durch solche Mittel der gewöhnliche Tod eliminiert oder bereinigt worden ist, dann hat man den Tod überwunden, und damit ist das gewöhnliche Bardo beseitigt und ebenso die gewöhnliche Geburt. Das Hauptziel der tantrischen Meditation ist, die Windenergien im Zentralen Kanal zusammenzuziehen und die Leerheit korrekt zu erkennen. Mit Hilfe dieser zwei Mittel ist es möglich, den gewöhnlichen Tod, den Zwischenzustand und die gewöhnliche Geburt zu bereinigen und zu einem Ende zu bringen. Damit wird der Daseinskreislauf unterbrochen.

Der Grund dafür, warum in solchen Meditationen versucht wird, die Windenergien im Zentralen Kanal zusammenzuziehen, ist, den subtilsten Bewußtseinszustand deutlicher zum Vorschein kommen zu lassen. Doch auch wenn man die Windenergien im Zentralen Kanal zusammenziehen kann, hat man das Mittel noch nicht in der Hand, den Zyklus des Sterbens und Geborenwerdens zu zerstören. Solange man die Leerheit nicht korrekt erkannt hat, ist man noch nicht in der Lage, die Unwissenheit zu eliminieren, die die Wurzel für diesen ständigen Zyklus des Daseinskreislaufs ist.

Im Sterbeprozeß werden die Windenergien jedesmal im Zentralen Kanal zusammengezogen. Da wir schon unzählige Male durch den Sterbeprozeß gegangen sind, ist es auch uns schon unzählige Male passiert. Ohne die Erkenntnis der Leerheit aber konnten wir uns aus dem Daseinskreislauf nicht befreien.

7. Die Hauptkanäle

Nun möchte ich die Ursachen für all die verschiedenen Erscheinungen, die im Sterbeprozeß auftreten, erklären. In unserem Körper befindet sich ein mittlerer Kanal, der gewissermaßen die Säule für unseren Körper bildet. Dieser Kanal wird Zentraler Kanal genannt. Der Zentrale Kanal befindet sich im Zentrum unseres Körpers. Er beginnt im Bereich der Geschlechtsorgane und geht hinauf bis zum Scheitel des Kopfes, wo sich das Scheitelzentrum befindet.

Rechts und links neben diesem Zentralen Kanal gibt es je einen weiteren Hauptkanal. Sie berühren den Zentralen Kanal. Entsprechend den Erklärungen in den Schriften beginnen diese beiden Kanäle in den Fersen und enden bei den Nasenlöchern. Im Körper verlaufen sie parallel zum Zentralen Kanal. Diese zwei Kanäle bilden an gewissen Stellen Umschlingungen oder Knoten. Der rechte Kanal schlingt sich um den mittleren und den linken Kanal, der linke um den mittleren und den rechten Kanal.

Die Stellen, an denen sich die Kanäle umschlingen und damit Knotenbereiche bilden, werden Chakras genannt. In der Meditation stellt man sich diese Kanäle in einer einfachen Form vor, in Wirklichkeit bestehen sie nicht in der Weise, wie wir sie uns in der Meditation vorstellen wollen.

Die Nadis oder Kanäle entwickeln sich aus dem Herzzentrum. Zuerst entstehen die drei mittleren Kanäle im Herzzentrum, und dann entwickeln sich weitere acht Kanäle symmetrisch in entsprechende Richtungen. Von diesen acht Zweigen entwickeln sich jeweils drei weitere Zweige, so daß sich vierundzwanzig Abzweigungen ergeben, von denen sich wieder jeweils drei Zweige entwickeln. Das ergibt dann zweiundsiebzig Zweige. Aus diesen zweiundsiebzig Zweigen gehen wiederum je tausend Zweige aus, die den Körper durchziehen. Somit besteht unser Körper aus zweiundsiebzigtausend Energiekanälen zuzüglich der drei Hauptkanäle, die im Zentrum unseres Körpers zu finden sind.

Diese Zahl der Kanäle wird in den Schriften genannt. Schon allein die Lunge wird von einer großen Anzahl solcher Kanäle durchzogen.

8. Die Windenergien

Wo halten sich die Windenergien auf? Die Windenergien bewegen sich vor allem in den Energiekanälen und sind ganz von diesen abhängig. Im Zentralen Kanal in Höhe des Herzzentrums befindet sich eine subtile Windenergie, die „Lebenserhaltender Wind" genannt wird. Ihre Hauptaufgabe ist es, das Leben zu erhalten. Sie ermöglicht unter anderem die Ein- und Ausatmung. Aus diesem Lebenserhaltenden Wind entwickeln sich weitere Windenergien.

Der „Aufwärtsgehende Wind" verweilt im Zentralen Kanal in der Höhe des Hals-Chakras. Dieser Knoten liegt direkt in der Höhe des Adamsapfels. Die Hauptaufgabe dieser Windenergie ist es, uns die Fähigkeit der Sprache zu geben. Im Nabel-Chakra sitzt eine weitere Windenergie, die „Gleichförmig verweilender Wind" heißt. Diese Windenergie befindet sich im Zentrum des Nadis, das sich in der Höhe des Nabels befindet. Sie hat zur Hauptaufgabe, die Verdauung zu regeln.

In der Höhe der Geschlechtsorgane befindet sich ein Chakra, in dem sich eine weitere Windenergie aufhält, die „Nach unten ausscheidender Wind" genannt wird. Die Aufgabe dieser Windenergie ist es unter anderem, die Darm- und Blasenentleerung zu regulieren.

In sämtlichen Gelenken befindet sich eine weitere Windenergie, die „Überdeckende Windenergie".

Diese fünf Arten von Windenergien heißen auch die grundlegenden Windenergien oder die fünf Urwinde. Daneben gibt es eine ganze Reihe sekundärer Winde, auf die ich hier nicht weiter eingehen möchte.

9. Die Tropfen

Als nächstes möchte ich einige Erklärungen über die Tropfen geben. Wenn sich das Bewußtsein zum erstenmal mit den regenerativen Substanzen der Eltern verbindet, dann ist diese ursprüngliche Substanz immer noch im Körper zu finden, und zwar genau im Herzzentrum. Von hier aus entsteht der ganze Körper. Im Laufe der Entwicklung wird ein Teil der weißen regenerativen Substanz im Zentralen Kanal aufwärts bis zum Scheitelzentrum steigen und dort bleiben. Die weiße regenerative Substanz ist ein Teil der regenerativen Substanz, die vom Vater stammt. Ein Teil der roten regenerativen Substanz, die von der Mutter stammt, wird sich im Zentralen Kanal abwärts bis zum Nabelzentrum bewegen und dort bleiben. Der weiße Tropfen, der im Scheitelzentrum verweilt, ist in seiner Natur Wasser und bildet die Grundlage für alles Glück, das man erfahren kann. Die Substanz des roten Tropfens, der im Nabelzentrum verweilt, ist Blut. Er ist die Grundlage für Wärme in unserem Körper.

Unser Körper enthält eine ganze Reihe weiterer Flüssigkeiten und Tropfen, aber diese zwei sind die ursprünglichen Tropfen. Sie befinden sich in den Energiekanälen; aber man sollte sich das nicht wie eine Wurst vorstellen, die mit irgendwelchem Fleisch gefüllt ist. Im allgemeinen halten sich die entsprechenden Tropfen an ihrem Ort auf und verlassen diesen nicht. Der Grund dafür ist, daß an diesen Orten die Kanäle Umschlingungen haben. Die Umschlingungen verhindern, daß sich die Tropfen bewegen – genauso, wie Wasser durch eine verstopfte Leitung nicht hindurchlaufen kann.

10. Die Ursache der Erscheinungen

Ich möchte mit diesen Erklärungen die verschiedenen Erlebnisse, die zum Zeitpunkt des Todes auftreten, wie etwa die rötliche und weißliche Erscheinung während des Sterbevorgangs, erörtern.

Im Prozeß des Todes lösen sich langsam die Umschlingungen der verschiedenen Kanäle auf. Zuerst lösen sich die Verknotungen in den oberen Zentren. Wenn sich die Verknotung im Scheitelzentrum aufgelöst hat, gibt es kein Hindernis mehr für den weißen Tropfen, so daß er ungehindert herunterfließen kann. Da der Tropfen von Natur aus Wasser ist, wird er sich von allein durch den Zentralen Kanal nach unten bewegen. Die weißliche Erscheinung, die der Sterbende im Sterbeprozeß wahrnimmt, bleibt so lange, bis der weiße Tropfen vom Scheitelzentrum zum Herzzentrum geflossen ist. Sie wird nämlich durch das Herunterfließen des weißen Tropfens verursacht. Das Bewußtsein erfaßt nicht einen weißen Tropfen und sieht ihn herunterfließen, sondern eine weiße Erscheinung, die durch die Bewegung des Tropfens verursacht wird.

Danach lösen sich die Umschlingungen am Nabelzentrum langsam auf. Mit ihrem Auflösen ist der Weg für den rötlichen Tropfen im Nabelbereich frei, und er kann nach oben steigen. Die Natur des Tropfens ist Wärme, und so steigt er jetzt nach oben, da der Weg frei ist. Durch die Bewegung des aufsteigenden Tropfens wird die Erscheinung von rötlichem Licht verursacht. Der weiße Tropfen und der rote Tropfen treffen sich im Zentralen Kanal im Herzzentrum und verbinden sich dort.

Zum Zeitpunkt der Verbindung im Herzzentrum nimmt der Sterbende eine dunkle und unklare Erscheinung wahr, wie ich oben erläutert habe. Das ist der Zeitpunkt des Nahen Erreichens. Zuerst erfährt der Sterbende die dunkle und unklare Erscheinung, danach fällt er in vollständige Bewußtlosigkeit. Kehrt der Sterbende aus der vollständigen Bewußtlosigkeit zurück, erfährt er den Zustand des Klaren Lichts. Das jetzt vorhandene ursprüngliche Bewußtsein ist der subtilste Zustand des Bewußtseins und hat seinen Ort innerhalb der Tropfen.

Das ist der letzte Moment des Lebens, und das ist auch der Augenblick des eigentlichen Todes. Solange das subtilste Bewußtsein des grundlegenden Klaren Lichts an diesem Ort verweilt, ist die Person noch am Leben. Eine gewöhnliche Person, die sich nicht in der Erkenntnis der Leerheit geschult hat, kann sich in diesem Zustand mehr oder weniger lang aufhalten. Aber sie wird diesen Zustand nicht ausnutzen können, und er wird ohne Wirkung verstreichen. Eine Person, die in ihrem Leben entsprechende Schulungen durchgeführt hat, kann diesen Zeitpunkt wirkungsvoll nutzen.

Wenn ich sage, daß dieser subtilste Bewußtseinszustand der ursprüngliche Geist ist, dann meint dies den Bewußtseinszustand, der seit anfangsloser Zeit mit uns ist, während die anderen Bewußtseinszustände kommen und wieder vergehen. Es kann dabei nun der Gedanke aufkommen, daß der subtilste Bewußtseinszustand kein vergängliches Phänomen sein kann. Doch auch dieser subtilste Bewußtseinszustand ist genauso vergänglich wie die anderen Bewußtseinszustände. Der Unterschied ist allerdings der, daß sein Kontinuum ununterbrochen ist, daß ein ständiger Fluß vorhanden ist, der keine Unterbrechung aufweist.

Fragen und Antworten

F.: Der subtilste Bewußtseinszustand ist sowohl veränderlich als auch vergänglich. Ist das einzig Beständige das Kontinuum des Geistes?

129

A.: Einerseits veränderlich und vergänglich zu sein, anderseits ein ununterbrochenes Kontinuum zu haben, stellt keinen Widerspruch dar. Betrachten wir uns selbst, so bemerken wir, daß wir uns vom Morgen bis zum Abend in einem Prozeß der ständigen Veränderungen befinden. Wir sind vergängliche Phänomene, dennoch ist unser Kontinuum des Geistes vorhanden. Unser gegenwärtiger Zustand ist eine Weiterführung des Kontinuums des Geistes, der auch heute morgen oder vor einem Jahr vorhanden war. Es ist ein ineinandergreifender Vorgang von gleicher Art.

In der kurzen Zeitspanne eines Händeklatschens verändert sich unser Bewußtsein etwa sechzig Mal in einer sehr subtilen Art. Erkennen wir diese subtilen Veränderungen, dann erkennen wir auch die subtile Vergänglichkeit. Obwohl wir einem ständigen Wandlungsprozeß unterworfen sind und vom Morgen bis zum Abend unzählige Verwandlungen durchgemacht haben, nehmen wir einen Menschen abends so wahr, wie er morgens war. Wir sehen in einer Person keinen Unterschied in diesem Zeitraum. Das Erfassen der Dinge als beständig und unveränderlich ist eine Art der Verblendung, die das „spontane Greifen nach Beständigkeit" genannt wird.

F.: Was bedeutet Weisheit der Erscheinung?

A.: Drei Erscheinungen treten auf, die weißliche, die rötliche und die dunkle, und davon ist es die erste. Es ist nichts weiter als eine Benennung. Jeder dieser Zustände hat eine eigene Charakteristik.

F.: Wie sollte man einem Sterbenden helfen?

A.: Der Sterbende sollte möglichst nicht durcheinandergebracht werden, d. h., sein Geist soll nicht unruhig sein, der Geist sollte auf heilsame Gedanken gelenkt werden. Wenn das nicht möglich ist, können Gebete für sein Wohl gesprochen werden.

F.: Wie wirkt sich der Geisteszustand eines Sterbenden auf seine Wiedergeburt aus?

A.: Stirbt jemand in einem heilsamen Geisteszustand, dann bewirkt das direkt einen heilsamen Bardozustand, der wiederum einen Grund für eine günstige Wiedergeburt bildet. Ärger wirkt sich zum Zeitpunkt des Sterbens als direkte Ursache für einen elenden Bardozustand und somit für ein elendes Dasein im nächsten Leben aus. Das gilt auch für Personen, die im vorigen Leben heilsame Handlungen getan haben.

F.: Was passiert, wenn gleich nach dem klinischen Tod der Körper geöffnet wird?

A.: Dann wird der Prozeß des Sterbens beschleunigt.

F.: Wo befinden sich alle karmischen Eindrücke?

A.: Die karmischen Eindrücke befinden sich im Bewußtsein. Das Bewußtsein geht von einem Leben zum anderen.

Der Bardozustand

Ich möchte im folgenden auf den Bardo- oder Zwischenzustand eingehen. Wenn sich das Bewußtsein von dem groben Körper löst, dann lösen sich das Bewußtsein und eine subtile Windenergie. Sie verlassen den groben Körper und treten dann in den Bardozustand ein. Das Bardowesen hat einen Körper und einen Geist. Die subtile Windenergie ist die direkte substantielle Ursache für den Bardokörper. Das subtilste Bewußtsein ist die direkte Ursache für das Bewußtsein dieses Bardowesens. Aus diesem subtilsten Bewußtseinszustand entstehen gröbere Bewußtseinszustände, die dann den arbeitsfähigen Geist des Bardowesens ausmachen.

Der Zwischenzustand ist ein Zustand außerhalb des Körpers, den die Person zu Lebzeiten bewohnte. Der Zustand des subtilsten Bewußtseins ist in Verbindung mit einer subtilen Windenergie zu sehen. Die Windenergie bleibt eine Zeitlang unbewegt. Sobald aber die geringste Bewegung eintritt, wird der Zustand des Klaren Lichts verlassen, und die subtile Energie wird zur Natur des Bardokörpers, der sich außerhalb des alten Körpers befindet.

Wenn diese Umwandlung stattgefunden hat, dann ist dieses Wesen nicht mehr der Mensch, der er vorher war, sondern ein Bardowesen. Das ist der Augenblick, in dem sich unser gegenwärtiger Geist von seinem Körper vollständig getrennt hat.

Sobald diese Änderung eintritt und das subtile Bewußtsein und seine subtile Windenergie den Körper verlassen haben, löst sich die Grundlage der regenerativen Substanzen, der weißen und roten Tropfen im Herzzentrum, vollständig auf. Mit dem Entzug seiner Grundlage steigt der rote Tropfen weiter im Zentralen Kanal auf und tritt im oberen Teil des Körpers als rote Flüssigkeit aus der Nase des Toten aus. Der weiße Tropfen sinkt im Zentralen Kanal und tritt im unteren Teil des Körpers aus den Geschlechtsorganen aus.

Der Austritt der Flüssigkeiten ist ein untrügliches Zeichen dafür, daß der Tod eingetreten ist. Erst jetzt wird der Körper als Leichnam betrachtet. Mit dem Leichnam kann das getan werden, was jeweils üblich ist. In den meisten

Fällen kann die Flüssigkeit beim Austreten beobachtet werden. Durch bestimmte Stellungen des Körpers kann es sein, daß diese Flüssigkeiten am Ausscheiden gehindert werden. Manchmal verhindern auch besondere Schwächen oder Krankheiten des Sterbenden ein Austreten dieser Flüssigkeiten.

Es sollte genau verstanden werden, was beim Übergang vom Leben in den Bardozustand zurückgelassen wird und was mitgenommen wird und somit weiter existiert. Das Bardowesen hat verschiedene Namen, wie: „aus dem Geist entstanden". Denn es ist aus dem subtilsten Bewußtsein und aus der subtilsten Windenergie entstanden und besitzt keinen groben physischen Körper aus Knochen, Fleisch und Blut. Das Bardowesen hat keinen Körper aus Knochen, Fleisch und Blut. Der Körper des Bardowesens besteht aus subtilen Windenergien und einem subtilen Geist.

Auch wird der Bardokörper der „Wiedergeburt Suchende" genannt, weil das Bardowesen nichts anderes im Sinn hat, als eine neue Existenz zu finden. Das Bardowesen heißt auch „Geruchsverzehrer". Es kann keine feste Nahrung aufnehmen und lebt von Gerüchen. Sehr häufig haben Bardowesen Schwierigkeiten, die entsprechenden Gerüche für ihre Ernährung zu finden. Sie können nämlich nicht irgendwelche Gerüche aufnehmen, sondern nur solche, die diesem Zweck gewidmet und geweiht wurden. Erst dann haben sie die Möglichkeit, sich davon zu ernähren. In Tibet gibt es die Sitte, diesen Bardowesen Gerüche zu widmen. Eine solche Handlung gilt als heilsam.

Die Bardowesen werden auch „Wesen im Zwischenzustand" genannt, da sie sich zwischen zwei Existenzen befinden. Sie sind von ihrer früheren Existenz getrennt und haben ihr neues Leben noch nicht gefunden.

„Grundlegende Sambhogakaya" ist eine weitere Bezeichnung des Bardozustands. Dies ist allerdings nur eine

133

Benennung; in Wirklichkeit ist dieser Zustand keineswegs der des letztlichen Sambhogakaya.

Aufgrund des besonderen Körpers des Bardowesens hat es die Möglichkeit, durch die meisten Objekte ohne jede Behinderung hindurchzugehen. Hindernisse, durch die es nicht hindurchgehen kann, sind bestimmte Orte mit einem mächtigen Segen. Auch die Gebärmutter von Müttern, die nicht die Mutter dieses Wesens werden können, sind für Bardowesen Hindernisse: es fehlen die entsprechenden karmischen Verbindungen.

Man könnte nun denken, dieser Zustand sei ganz lustig, ohne jede Behinderung durch alle Dinge hindurchzugehen – vielleicht wäre es deshalb gut, möglichst schnell ein solches Bardowesen zu werden! Tatsächlich aber befinden sich die Bardowesen in einer bedauernswerten Situation. Sie haben keine Freiheit in ihrer Bewegung. Die Bardowesen werden wie ein trockenes Blatt vom Wind durch den Raum getragen. So haben die Bardowesen selbst keine Freiheit zu entscheiden, wohin sie sich bewegen wollen. Die Lebensspanne eines solchen Bardowesens wird in den Schriften mit sieben Tagen angegeben. Am Ende dieser Woche stirbt das Bardowesen. Wenn es bis zu diesem Zeitpunkt seine zukünftige Wiedergeburt nicht gefunden hat, wird es wieder als Bardowesen geboren, bis es seinen Wiedergeburtsort gefunden hat.

Wenn wir Menschen sterben, hinterlassen wir einen Leichnam. Ein Bardowesen dagegen hinterläßt keinen Leichnam, wenn es stirbt, denn sein Körper besteht aus einer subtilen Natur. Wenn ein Bardowesen stirbt, gleicht es dem Verschwinden eines Regenbogens. Es wird dann wiedergeboren mit einem ähnlichen, gleichgearteten Körper. Ein Bardowesen, das als Mensch wiedergeboren wird, hat im Zwischenzustand eine Körpergröße, die dem eines zehn- bis fünfzehnjährigen Kindes entspricht. Ein Bardowesen hat alle Sinnesorgane vollständig. Selbst wenn es in seiner zukünftigen Existenz einige Organe nicht besitzen sollte, sind sie im Zwischenzustand doch vollständig.

Können sich die Bardowesen selbst sehen? Bardowesen von gleicher Art können sich gegenseitig wahrnehmen, die anderen nicht. Für jede Art von Wiedergeburt gibt es eine Art von Bardowesen.

Können Menschen diese Bardowesen sehen? Es ist dann möglich, wenn durch eine spezielle Meditation eine erhöhte Wahrnehmungsfähigkeit entwickelt wurde. Mit dieser erhöhten Wahrnehmungsfähigkeit kann auch ein Mensch Bardowesen wahrnehmen.

Das Bardowesen befindet sich ständig in einer großen Angst, und sein Geist ist dementsprechend aufgewühlt. Als Menschen müssen wir lernen, nutzlose Gedanken zu kontrollieren und zu beherrschen. Wenn wir die verschiedenen Windenergien nicht in die entsprechenden Bereiche des Körpers zusammenziehen können, dann kann das im Bardozustand zu einer großen Verwirrung führen. Die Folge ist ein großes geistiges Durcheinander.

Die verschiedenen Änderungen der Windenergien, die mit den vier Elementen verbunden sind, erzeugen die Störungen und Verwirrungen des Geistes. Das sind die Windenergien, die mit dem Erd-, dem Wasser-, dem Feuer- und dem Windelement in Verbindung stehen.

Durch das Ansteigen des Erdelements im Bardowesen ist es möglich, daß es ihm erscheint, als wäre es tief unter der Erde begraben oder als stürze ein Berg auf es herab. Solche Erlebnisse rufen eine große Furcht im Bardowesen hervor. Ähnlich ist es, wenn die Windenergie des Wasserelements steigt, dann können dem Bardowesen Erlebnisse wie das Versinken in einem Ozean erscheinen. Auch diese Erlebnisse verursachen im Bardowesen Furcht und Schrecken.

Die aufsteigende Windenergie des Feuerelements kann eine Erscheinung verursachen, als ob die Umgebung Feuer wäre und in Brand stünde – das kann das Gefühl erzeugen, es würde selbst verbrennen. Wenn die Energie des Windelements aufsteigt, dann erfährt das Wesen einen tosenden Sturm, der es erschrecken und verwirren kann. In den Schriften werden diese Erfahrungen der „Klang der vier Elemente" genannt. Die vier Elemente, die dem Bardowesen in dieser Weise erscheinen, erzeugen in ihm eine große Furcht.

Manchmal gelangen die Bardowesen ganz unfreiwillig in den Bereich der Höllen; auch das bedrückt und erschreckt sie ganz außerordentlich. Es können auch furchterregende Wesen erscheinen, die das Bardowesen mit Waffen bedrohen. Es erfährt in seinem Zustand vielfältige Erscheinungen. Sie sind die Resultate, die aus den karmischen Potentialen resultieren.

Und so verbringt das Bardowesen seine Existenz in einem Zustand großer Angst und Verwirrung und hat nicht die geringste Freiheit. Das heißt aber nicht, daß alle Bardowesen solche Erlebnisse erfahren müssen. Ein Mensch, der heilsame Potentiale angesammelt hat, indem er in seinem Leben positive Handlungen ausgeführt hat, muß wie andere auch durch den Bardozustand gehen. Die erschreckenden Erlebnisse, die hier beschrieben wurden, wird er aber nicht erleben.

Die Lebensdauer der Bardowesen wird mit einer Woche angegeben. Das heißt nun nicht, daß alle Bardowesen diese Lebensdauer erreichen. Viele Bardowesen befinden sich nur einige Augenblicke in ihrem Zwischenzustand und nehmen sofort Geburt an. In einigen Büchern wird beschrieben, daß dem Bardowesen friedliche oder zornige Meditationsgottheiten erscheinen. Solche Erklärungen können die Idee entstehen lassen, den Bardozustand als etwas Interessantes zu betrachten. In Wirklichkeit erfährt man in diesem Zustand aufgrund der früheren Handlungen (Karma) sehr erschreckende Klänge und Bilder.

Mit einer entsprechenden Geistesschulung kann man im Bardozustand die erschreckenden in friedliche Wesen umwandeln. Dadurch wird die Angst bewältigt, und durch das Erinnern der entsprechenden Meditationsgottheiten wird das Bewußtsein weiterentwickelt.

Zum gegenwärtigen Zeitpunkt befinden wir uns womöglich in einer guten Situation. Wir sind ruhig, ausgeglichen und haben wenig Störungen; wir haben einen Lehrer, der uns die entsprechenden Methoden und Mittel erklären kann. Wir haben die Möglichkeit, die erklärten Methoden und Mittel anzuwenden. In den Meditationssitzungen strengen wir uns an, unsere Konzentration auf das Objekt der Meditation gerichtet zu halten. Aber schon in solchen Meditationen ist es sehr schwer, eine Meditationsgottheit zu visualisieren. Wenn es uns in dieser guten und ruhigen Situation so schwer fällt, eine Meditationsgottheit erscheinen zu lassen, wieviel schwieriger muß es dann im Bardozustand sein, der durch Angst und geistiges Durcheinander bestimmt wird. Eine Meditationsgottheit zu visualisieren scheint aussichtslos.

Bardozustand und Traum

Normalerweise ist sich das Bardowesen nicht bewußt, daß es sich im Zwischenzustand befindet und daß es ein Bardowesen ist. Würde das Bardowesen seinen Zustand erkennen und würde es genau wissen, daß es sich im Bardozustand befindet, dann könnte es sein Denken in eine entsprechende heilsame Richtung lenken und das tun, was in diesem Zustand nützlich wäre.

Wenn wir träumen, dann sind wir uns während des Schlafes nicht bewußt, daß wir träumen. Wir glauben vielmehr, daß die verschiedenen Erscheinungen, die wir im Traum erleben, wahr sind. Erst wenn wir aufwachen, wird uns klar, daß wir geträumt haben. Sich hinlegen und einschlafen, träumen und wieder aufwachen, das entspricht dem Sterben, durch den Bardozustand gehen und Geburt nehmen. Wenn wir einschlafen, ist es für uns nicht möglich, den exakten Zeitpunkt des Einschlafens festzustellen. Wir sind noch wach, und dann schlafen wir, und irgendwo dazwischen sind wir eingeschlafen.

Im Sterbeprozeß werden die groben Bewußtseinsaspekte alle aufgelöst. Zum Schluß bleibt das subtilste Bewußtsein übrig. Ähnlich ist es beim Einschlafen, doch dieser Vergleich stimmt nicht in jeder Hinsicht. Beim Einschlafen kommt zuerst ein Moment, in dem alles schwarz ist. Wir können uns an gar nichts erinnern. Das ist der Bereich des tiefen Schlafs. Wenn der Schlaf danach leichter wird, fangen wir an zu träumen. Mit dem Traumkörper können wir überall hingehen und alle möglichen Dinge tun. Das ist ähnlich wie beim Sterbevorgang. Nachdem der Sterbende eine Zeitlang im Zustand des Klaren Lichts verweilt hat, wird bei der geringsten Bewegung der subtilen Windenergien der Zustand des Klaren Lichts verlassen, und der Bardozustand tritt ein.

Wenn wir eine Zeitlang geträumt haben und wieder aufwachen, finden wir uns in einem wachen Bewußtseinszustand in unserem Körper wieder. Die Bewußtseinszustände während des Traumes, die so manifest waren, sind wieder verschwunden und in ihren potentiellen Zustand zurückgezogen worden. Ähnlich verhält es sich mit dem Bardozustand. Geht er zu Ende, so vergehen auch der Bardogeist und der Bardokörper, und man nimmt eine neue Existenz an.

Lernen wir in der Meditation den Traumzustand als Traum zu erkennen, wird uns das im Zustand des Bardo helfen, ihn als solchen zu erkennen. In der Traummeditation schult man sich darin, sich des Träumens bewußt zu werden.

Sich des Traumes bewußt zu werden, heißt nicht, daß man im Traum träumt, man schliefe ein und träume, und dann aufwacht und sich seines Traumes im Traum bewußt wird. Das wäre nur ein zweifaches Träumen, aber nicht ein Bewußtwerden des Traumes.

Zeichen für das Sein im Bardozustand

Befindet man sich im Bardozustand, dann ist es also sehr wichtig, sich dieser Tatsache bewußtzuwerden. Es gibt Möglichkeiten, festzustellen, ob man sich im Zustand des Bardo befindet. Befindet sich ein Wesen im Zwischenzustand, so kann es vorkommen, daß es seine Lage nicht erkennt. Es versucht, zu seiner Familie zu gehen, mit den Angehörigen zu sprechen und mit ihnen zusammen zu sein. Aber es erhält keine Antworten. Die Familienmitglieder bemerken die Anwesenheit des Bardowesens nicht und benehmen sich entsprechend. Das ist ein ganz untrügliches Zeichen dafür, daß man sich im Bardozustand befindet. Der Verstorbene glaubt, er sei immer noch im lebendigen Zustand. Er erkennt nicht, daß er inzwischen ein Bardowesen geworden ist, und benimmt sich so, wie er es gewohnt war und bewegt sich in der bekannten Umgebung. Die Menschen um ihn herum können ihn aber nicht wahrnehmen und reagieren nicht auf ihn.

Es kommt sehr häufig vor, daß ein Bardowesen zu seiner früheren Familie zurückkehrt, da es sehr an seiner Familie hängt. Diese Rückkehr zur Familie endet mit einer großen Enttäuschung. Wir sollten nicht denken, daß die Bardowesen weit weg in irgendeinem Land existieren. Bardowesen können denselben Raum mit uns zusammen bevölkern. Sie können sich um uns herumbewegen und sogar durch uns hindurchgehen, da es kein Hindernis gibt, das sie davon abhalten könnte.

Wenn wir auf Sand oder Erde gehen, hinterlassen wir Fußabdrücke. Das Bardowesen hinterläßt keine Fußabdrücke, da sein Körper aus subtilen Energien besteht. Das ist ein weiteres Zeichen dafür, daß man ein Bardowesen ist. Ein anderes Zeichen ist das Werfen eines Schattens bei Licht. Der Körper des Bardowesens wirft im Licht der Sonne keinen Schatten.

Das Bardowesen kann den Unterschied zwischen Sonnenlicht und Mondlicht nicht feststellen. Bardowesen sehen das Sonnen- und Mondlicht nicht. Trotzdem leben sie nicht in vollständiger Dunkelheit. Sie existieren auf einer Ebene, in der das Licht der Sonne nicht notwendig ist, um die Umgebung wahrzunehmen.

Normalerweise können wir uns nur mit großer Anstrengung von einem zum anderen Ort bewegen. Nur durch Denken gelangen wir nicht an den gewünschten Ort. Beim Bardowesen ist das anders. Ein Bardowesen ist immer dort, wo sich seine Gedanken gerade befinden, da sein Körper aus den subtilen Windenergien besteht. Befindet man sich immer an dem Ort, an den man gerade denkt, ist das ein weiteres Zeichen dafür, ein Bardowesen zu sein. Bei einigen kann diese Erkenntnis eine große Enttäuschung auslösen, bei anderen, die durch Meditationen ihren Geist an solche Zusammenhänge gewöhnt haben, kann es zu einer besseren Wiedergeburt führen.

Vier Arten der Geburt

Durch die verschiedenen Handlungen der Wesen werden verschiedene Formen von Karma angesammelt. Diese unterschiedlichen Handlungen rufen schon im Bardowesen unterschiedliche Resultate hervor. Das führt dazu, daß die Bardowesen Formen und Klänge erfahren, die große Ängste und Schrecken erzeugen.

Es gibt Wesen, die ihr ganzes Leben in vorbereitenden Meditationen zubringen, um ein hohes geistiges Ziel zu erreichen. Manche von ihnen sterben, bevor sie dieses Ziel, z. B. Arhatschaft, erreicht haben. Unter diesen Wesen gibt es einige, die den Bardozustand zu weiteren Meditationen benutzen, um die Arhatschaft, und damit die Befreiung aus dem Daseinskreislauf, zu erlangen.

Es gibt vier Möglichkeiten, geboren zu werden:
1. Geburt auf spontane Weise,
2. Geburt aus einem Ei,
3. Geburt aus Feuchtigkeit und Wärme,
4. Geburt aus einer Gebärmutter.

Das Bardowesen selbst wird spontan geboren, somit gehört es zur ersten Kategorie. Die meisten Wesen werden aus einer Gebärmutter geboren. Es ist allerdings nicht auszuschließen, daß manche Menschen auch aus den drei anderen Arten geboren werden können.

Die Bardowesen haben einen sehr subtilen Körper und kennen deswegen keine Hindernisse für ihre Bewegungsfreiheit. Wenn ein Bardowesen hinsichtlich seines Karmas zur Reifung kommt, dann wird dieses Bardowesen wiedergeboren werden, wenn es zu diesem Zeitpunkt eine entsprechende Mutter gefunden hat. Es ist auch möglich, daß einige Wesen Existenz in Steinen annehmen, was aber sehr selten ist.

Welche Existenz es auch sein mag, die jemand im Daseinskreislauf annimmt, es wird immer in der Art geschehen, daß ein Bardowesen aufhört zu existieren und das Bewußtsein des Bardowesens sich mit einer neuen Form verbindet. Die Bereiche, in die man wiedergeboren werden kann, sind die samsarischen Bereiche:

1. Die Sphäre des Verlangens,
2. die Sphäre der Form,
3. die formlose Sphäre.

Ein Wesen, das in den ersten zwei Bereichen Geburt annimmt, in der Sphäre des Verlangens und in der Sphäre der Form, muß immer durch den Bardozustand gegangen sein. Wir kennen Menschen, die in einer ganz anormalen Form geboren wurden, z. B. siamesische Zwillinge. Denkt man genau darüber nach, sind solche Fälle nicht so sensationell, wie wir meinen, da diese abnormen Körperformen Resultate von Ursachen sind, die früher gesammelt wurden. Ohne Ursachen kann ein solches Resultat nicht entstehen.

Welche Erfahrungen man auch hat, seien sie angenehm oder unangenehm, mit welchen Resultaten wir auch konfrontiert werden, die Ursachen dafür wurden in früheren Existenzen angelegt. Es können keine Wirkungen erfahren werden, ohne daß dafür die Ursachen gelegt wurden. Und für die Ursachen ist jeder selbst verantwortlich.

Wir sind alle ohne Ausnahme „In die Zukunft Blickende", ständig sind wir auf die Zukunft ausgerichtet. Wir schauen in die Zukunft und denken an die Zukunft, und was wir uns für die Zukunft wünschen, ist immer Angenehmes. Niemand will in der Zukunft etwas Unangenehmes erfahren.

Da wir so auf die Zukunft ausgerichtet sind und uns nur Angenehmes für die Zukunft wünschen, wäre es eigentlich auch notwendig, durch entsprechende Vorbereitungen die Ursachen für das Glück, das wir uns für die

Zukunft ersehnen, zu sammeln. Denn ohne daß wir die Ursachen dafür schaffen, ist es sehr unwahrscheinlich, in der Zukunft das gewünschte Angenehme zu erfahren. Dieses Ziel wird nur erreicht, wenn durch eigene Anstrengungen die Ursachen dafür bereitet werden. Heilsame Handlungen bewirken starke und wirkungsvolle heilsame Potentiale im Geist.

Die Geburt

Ich werde jetzt über die Geburt sprechen. Der letzte Zustand des Sterbeprozesses, d.h. der subtilste Bewußtseinszustand, wird der grundlegende Dharmakaya, und der Zwischenzustand wird der grundlegende Sambogakaya genannt. Im folgenden soll der grundlegende Nirmanakaya erklärt werden. Es gibt verschiedene Arten, Geburt zu nehmen. Es geht mir um die Geburt, wie wir sie alle selbst genommen haben, nämlich durch die Gebärmutter der Mutter. Nicht jede Gebärmutter eignet sich für eine Geburt.

Es gibt drei Umstände, die notwendig sind, damit eine Geburt stattfinden kann:
1. Die Mutter muß die roten regenerativen Substanzen besitzen,
2. das Bardowesen, das in der Gebärmutter dieser Mutter Geburt zu nehmen hat, muß sich in der Nähe aufhalten,
3. die Eltern müssen sich in sexueller Vereinigung befinden.

Diese Umstände reichen aber noch nicht aus, damit eine Geburt erfolgen kann. So können Mißbildungen der Gebärmutter einer Geburt entgegenstehen. Sämtliche Umstände, die das Eintreten des Bardowesens in den Mutterschoß verhindern können, müssen ausgeschlossen sein.

Eine weitere notwendige Voraussetzung für eine Ge-

143

burt ist der Zustand der körperlichen Substanzen der Eltern. Eine Geburt kann nur dann erfolgen, wenn die roten und weißen regenerativen Substanzen der Eltern frisch und gesund sind. Ansonsten ist es unmöglich, daß sich das Bewußtsein mit ihnen verbindet.

Ein letztes Hindernis für die Geburt ist, daß das Bardowesen nicht das entsprechende Karma hat, um als Kind gerade dieser Eltern geboren zu werden. Auch die Mutter und der Vater dieses Kindes müssen das entsprechende Karma haben. Oft klagen Menschen darüber, die falsche Partnerin oder den falschen Partner zu haben, und dann kommt durch Zufall ein Kind zur Welt. Ganz gleich, ob es der „richtige" oder der „falsche" Partner ist, ob das Kind durch Zufall entstanden ist oder nicht: Die Geburt eines Kindes setzt voraus, daß die Partner und das Bardowesen das entsprechende gemeinsame Karma und damit die entsprechenden Ursachen gesammelt hatten. Ohne diese gemeinsamen Ursachen wäre es nicht zur Situation gekommen, die zur Geburt des Kindes geführt hat. Damit es zu einer Geburt kommen kann, ist es notwendig, daß alle notwendigen Umstände und keine Hindernisse vorhanden sind.

Das Bardowesen nun nähert sich den Eltern, wenn sie sich in sexueller Vereinigung befinden. Entsteht im Bardowesen eine Abneigung gegenüber dem Vater und eine Zuneigung zur Mutter, wird das Wesen als Junge wiedergeboren. Entsteht eine Abneigung gegenüber der Mutter und eine Zuneigung gegenüber dem Vater, wird das Wesen als Mädchen wiedergeboren. Bevor sich das Bardowesen mit den Substanzen der Eltern verbinden kann, muß es sterben. Abneigung oder Zuneigung bzw. das Verlangen und Anhaften des Bardowesens gegenüber dem einen oder anderen Elternteil wirken als Umstand, der den Tod des Bardowesens herbeiführt.

144

In dem Chakra, das in der Höhe der Geschlechtsorgane liegt, befindet sich eine Windenergie: der abwärts-fließende Wind. Diese Windenergie ist im Zentralen Kanal des Vaters und auch der Mutter vorhanden. Durch die Verbindung der Geschlechtsorgane der Eltern wird diese abwärtsfließende Windenergie nach oben in die Kanäle bewegt. Im Nabelzentrum befindet sich die rote regenerative Substanz, die von der Mutter stammt. Diese rote regenerative Substanz ist in ihrer Natur Wärme. Wenn der abwärtsfließende Wind nach oben steigt, dann verursacht dieser Vorgang eine Erwärmung der regenerativen Substanzen, die wiederum eine Wärme im Körper verursacht: dadurch schmelzen die Substanzen. Die befriedigende Empfindung, die bei der Vereinigung der Geschlechtsorgane erfahren wird, wird durch das Fließen dieser flüssigen Substanzen in den Kanälen erzeugt. Diese Körperempfindung ist eine Empfindung des Tastsinns.

Die angenehme Empfindung, die durch die Bewegung der regenerativen Substanzen durch die Kanäle verursacht wird und die Wärme, die zu diesem Zeitpunkt im Körper erzeugt wird, sind gewöhnliche Phänomene. Sie sind nicht das letztliche Glück, sondern werden lediglich durch die Bewegung der regenerativen Substanzen in den Kanälen erzeugt.

Die regenerativen Substanzen der Eltern vereinigen sich dann in der Gebärmutter, und das Bewußtsein des Bardowesens vereinigt sich mit der Vereinigung der beiden Substanzen. Dieser erste Augenblick des Eintretens des Bewußtseins des Bardowesens in die Verbindung der beiden Substanzen der Eltern, dieser Augenblick ist die eigentliche Geburt.

Zu diesem Zeitpunkt findet das Bewußtsein des Bardowesens eine neue Grundlage. Diese Grundlage bilden wieder die vier Elemente oder Urstoffe in den regenerativen

Substanzen der Eltern. Das Bewußtsein und die vier Urstoffe werden von da an in gegenseitiger Abhängigkeit existieren. Die Urstoffe bilden die Grundlage für die Existenz
des Bewußtseins.

Der Bereich, in dem das Eintreten des Bewußtseins in
die Verbindung der beiden Substanzen stattgefunden hat,
dieser Bereich ist das zukünftige Herzzentrum des zukünftigen Wesens. Den Ort des Herzzentrums findet man,
indem man die Daumen auf die Brustwarzen legt und die
Zeigefinger nach innen richtet. Wenn sich das Bewußtsein
mit dem Körper verbindet, bleibt es zuerst im Herzzentrum. Am Ende des Lebens verläßt es den Körper auch an
dieser Stelle.

Wenn wir in eine Existenz eintreten, dann geschieht
das aufgrund der Verbindung des Bewußtseins mit den
vier Urstoffen als Grundlage. Wenn wir dieses Leben wieder verlieren, lösen sich die Verbindungen zwischen den
vier Urstoffen und dem Bewußtsein wieder auf.

Das Bewußtsein betritt den neuen Körper im Herzzentrum. Von da aus entwickeln sich die drei ursprünglichen
Nadis oder Energiekanäle. Von diesen Energiekanälen entwickeln sich weitere acht Kanäle mit ihren Verzweigungen. Es entsteht ein System der Verzweigungen und damit
die Grundlage für den Körper. Das Erdelement hält den
Körper, das Wasserelement fügt ihn zusammen, das Feuerelement läßt ihn reifen, und das Windelement verursacht
seine Entwicklung.

Während des Aufenthaltes in der Gebärmutter entwickeln sich siebenunddreißig verschiedene Windenergien, die die Ausdehnung und die Entwicklung des Körpers herbeiführen. Wenn der Fötus vollständig entwickelt
ist, kommt er zum Vorschein. Das Eintreten des Bewußtseins in den neuen Körper und die Verbindung mit den
körperlichen Substanzen der Eltern werden Geburt ge-

nannt oder der grundlegende Nirmanakaya. Der Zeitraum nach der Verbindung von Bewußtsein und den körperlichen Substanzen der Eltern bis zum Lebensende wird die Vorhergehende Existenz genannt. So befinden wir uns jetzt in der Vorhergehenden Existenz.

Danach folgt die sogenannte Existenz des Sterbens, und so geht es ständig weiter. Wenn wir unseren Blick etwas erweitern und den ganzen Zyklus von Existenzen im Daseinskreislauf betrachten, dann sind die kleinen Wehwehchen, mit denen wir uns so gerne beschäftigen, nichts Außergewöhnliches, und wir können sie mit mehr Gelassenheit betrachten.

Reinigung

Nirvana ist der Zustand, den ein Arhat durch Hören, Nachdenken und Meditation erreicht hat. Es ist eine geistige Entwicklung, in der eine Loslösung von Verblendungen und von Spuren dieser Verblendungen erreicht wurde. Das Bewußtsein eines Arhats ist vollständig frei von Verblendungen.

Die Reihenfolge, in der die Reinigung des Geistes stattfindet, ist folgende:

1. Reinigung der drei grundlegenden Körper,
2. Reinigung der drei Körper auf dem Weg zur Erleuchtung,
3. Erlangen der „Drei Körper des Buddha".

Die Reinigung der drei Körper auf dem Weg zur Erleuchtung ist das Mittel, und die „Drei Körper des Buddha" selbst sind das Resultat der Reinigung. Die Reinigung der drei grundlegenden Körper bezieht sich auf das Klare Licht des Todes, den Zwischenzustand und die Geburt.

Die Methoden der Reinigung werden in Sutra und Tantra gelehrt, wobei der Sutra-Weg die Grundlage für den Tantra-Weg bildet. Zuerst sollte der Wunsch entwickelt werden, Dharma auszuüben. Dazu gehört, eine Haltung des Verzichts und der Entsagung gegenüber allen Vergnügungen dieses Lebens und eventuellen Vergnügungen anderer Leben zu entwickeln. Die Entsagung bezieht sich auf den Daseinskreislauf und ist somit nicht nur eine Anstrengung, die von Nonnen und Mönchen geübt werden sollte, sondern von jedem Mitglied der Gesellschaft ernst genommen werden muß.

Auf der Grundlage der Entsagung sind Verständnis und Erkennen der subtilen Leerheit zu entwickeln. Wenn das nicht möglich ist, sollte wenigstens ein Verständnis der groben Leerheit entwickelt werden.

Außer den Vorbereitungen zum Verständnis der Leerheit sind auch methodische Vorbereitungen notwendig. Hier gilt es, Erfahrungen in der Entwicklung von Erbarmen, Mitgefühl und Erleuchtungsgeist zu machen. Aufbauend auf diesen Vorbereitungen folgt die Ausübung von Tantra. Durch die Meditation über die drei grundlegenden Körper Dharmakaya, Sambhogakaya und Nirmanakaya wird der Geist geschult. Wenn die Kraft dieser Meditation stärker geworden ist, beginnt das Stadium der Vervollkommnung.

Dieses Stadium hat zum Ziel, den Tod zu bereinigen. In der Meditation geht man durch den Prozeß des Sterbens und führt, wie oben erklärt, ein Verschmelzen der Windenergien herbei. Diese Übung führt nicht zum Tod. Im Gegenteil, durch die Kraft der Konzentration, die diese Meditation begleitet, wird der Körper strahlender und der Geist noch klarer.

Die Hauptzentren

Der Körper besitzt fünf Hauptzentren: das sind die Orte, an denen die Hauptkanäle sich umschlingen und Knoten bilden. Diese Hauptzentren befinden sich auf der Höhe:

1. der Augen,
2. des Halses,
3. des Herzens,
4. des Nabels,
5. der Geschlechtsorgane.

Durch die Umschlingungen der Kanäle wird das Fließen der Windenergien in den Zentren verhindert. Im Prozeß des Todes lösen sich unfreiwillig diese Knoten, so daß sich die Windenergien bewegen können. Innerhalb der Meditation werden die Knoten der Energiekanäle nicht unfreiwillig, wie im Sterbeprozeß, sondern unter voller Kontrolle gelöst und die Windenergien ganz bewußt im Herzzentrum gesammelt. Dadurch werden auch die groben Bewußtseinszustände im Herzzentrum gesammelt, verschmolzen und aufgelöst, so daß jetzt die subtilsten Bewußtseinszustände aktiv werden können. Dieser Bewußtseinszustand ist nicht das grundlegende Klare Licht, denn es ist ein Zustand, der unter der Kontrolle der Meditation herbeigeführt wurde.

Doch dieser Zustand des Klaren Lichts erkennt die Leerheit ganz direkt und deutlich, seine Kraft beseitigt das grundlegende Klare Licht, und damit wird der gewöhnliche Tod vollständig eliminiert. Die subtile Windenergie, die mit dem Geist verbunden ist, manifestiert sich in dieser Meditation als eine leuchtend strahlende Meditationsgottheit. Diese Meditationsgottheit kann ausgesandt und wieder absorbiert werden. In diesem Zustand können verschiedene Handlungen ausgeführt werden, die sehr wirksam sind und große heilsame Potentiale schaffen.

Das führt schließlich zur vollständigen Bereinigung des Zwischenzustands und der unfreiwilligen Geburt. Die drei Stadien des Bewußtseins: der Zustand des Klaren Lichts, der die Leerheit direkt erkennt, der der Meditation über die ausgesandte Emanation einer Gottheit, und das Zurückholen dieser Meditationsgottheit werden Dharmakaya, Sambhogakaya und Nirmanakaya des Weges genannt.

Durch fortgesetzte weitere Schulungen in diesen Methoden werden, wenn die Entwicklung vollständig durchlaufen wurde, der eigentliche Dharmakaya, Sambhogakaya und Nirmanakaya eines Buddha erlangt. Wenn mit großer Energie und ganzer Kraft der Stufenweg von Sutra und Tantra angewendet wird, dann ist es durchaus möglich, den Zustand eines Erleuchteten zu erreichen.

GLOSSAR

Abhängiges Entstehen: Der Grundsatz jeder philosophischen Schule des Buddhismus ist das Gesetz vom Abhängigen Entstehen. Dabei beschreiben die unteren Schulen das Abhängige Entstehen als Abhängigkeit der Produkte von den Ursachen und Umständen, von denen sie erzeugt werden. Die höheren Schulen beschreiben darüber hinaus die Abhängigkeit aller Bewußtseins-objekte, selbst die der Nicht-Produkte, von ihren Teilen und von ihrer Benennung mit rationalen Namen oder Begriffen. Die Bestimmung eines Phänomens kann nur in Abhängigkeit von anderen Phänomenen erfolgen, wie etwa „kurz" nur in Abhängigkeit von „lang", „Ursache" nur in Abhängkeit von „Wirkung".

Achtzig Konzeptionen: Sie werden in drei Gruppen unterteilt: 1. Dreiunddreißig Konzeptionen, die das Bewußtsein der weißen Erscheinung festlegen; 2. Vierzig Konzeptionen, die das Bewußtsein der roten Erscheinung festlegen; 3. Sieben Konzeptionen, die das Bewußtsein des dunklen Nahen Erreichens festlegen.

Aggregationen: siehe *Körperliche und geistige Aggregationen.*

Auflösung: Der Vorgang, bei dem die Wirkungskraft des vorhergehenden gröberen Zustands des Geistes aufhört und die sich anschließende subtilere durchsetzt.

Ausstrahlungskörper (Nirmanakaya)**:** Der erscheinende *Formkörper* eines Buddha, der auch von gewöhnlichen Wesen, die entsprechend heilsame Anlagen besitzen, wahrgenommen werden kann. In seinem Werk „Schmuck der Klaren Erkenntnis" beschreibt Maitreya den Ausstrahlungskörper in folgender Weise: „Es handelt sich um einen Körper, der, solange der Daseinskreislauf besteht, auf vielfältige Art Handlungen unter den Wesen

151

vollbringt, um ihnen zu nützen. Dieser Körper ist der ununterbrochene Nirmanakaya des Buddha."

Buddha Shakyamuni: Der historische Buddha, der vor etwa 2500 Jahren als Prinz in das Königsgeschlecht der Shakyas im heutigen Nepal geboren wurde. Im Alter von 29 Jahren verließ er seine Familie und das weltliche Palastleben, um sich als Asket auf die Suche nach geistiger Vollkommenheit zu begeben. Mit etwa 35 Jahren erlangte er unter dem Bodhibaum in Bodh Gaya die vollkommene Erleuchtung. Bis zu seinem Eintritt in das Parinirvana wanderte er durch die Lande und legte seine Lehre dar. Buddha Shakyamuni wird als der vierte von insgesamt eintausend Erleuchteten verehrt, die in diesem „Glücklichen Zeitalter" erscheinen werden.

Buddhaschaft: Der höchste von einem Lebewesen zu erreichende Zustand. Man erlangt die Buddhaschaft, indem man den Pfad des *Großen Fahrzeugs* zu Ende geht und schließlich allwissend und frei von allen Fehlern wird. Im Zustand der Buddhaschaft hat man nicht nur die eigene höchste und dauerhafte Glückseligkeit erreicht, sondern wirkt gleichzeitig auch im höchsten Maße zum Wohle aller anderen Wesen.

Bodhisattva: Ein „Mutiger, dessen Wille auf die Erleuchtung gerichtet ist". Ein Bodhisattva ist in all seinem Handeln vom Erleuchtungsgeist *(Bodhicitta)* durchdrungen. Er ist jemand, der stets die höchste Erleuchtung eines Buddha anstrebt, um allen Lebewesen im höchsten Maße helfen zu können.

Daseinskreislauf (Samsara)**:** Der Fortbestand unserer leidhaften *geistigen und körperlichen Aggregationen* als ein Resultat von verunreinigten *Taten* und *Leidenschaften.* Daher ist der Daseinskreislauf in seinem Wesen das Leiden an mangelnder Freiheit und Selbstbestimmung.

Dharma: Die wörtliche Bedeutung von Dharma ist „halten, tragen". In einer der verschiedenen Anwendungen dieses Wortes werden alle Phänomene, d. h. alle Daseinsfaktoren, Dharmas genannt. Ihr charakteristisches Merkmal ist, daß sie ihre eigene Entität, ihr Sein, „tragen". Zum anderen bedeutet Dharma Religion, insbesondere die Lehre des Buddha; denn ihre Anwendung „hält" uns aus leidvollem, aus unfreiem und schließlich aus jedem mit Hindernissen behafteten Dasein „heraus".

Dharmakaya: Siehe *Weisheits-Wahrheitskörper*

Daseinsbereiche: Dies sind die drei glücklicheren Daseinsformen innerhalb des Daseinskreislaufes, nämlich der Bereich der Menschen, der weltlichen Götter und der Halb-Götter. Ihnen gegenüber stehen die *drei niederen Bereiche* der Höllenwesen, der Hungergeister und der Tiere. Alle sechs Existenzformen ergeben die sechs Daseinsbereiche des *Samsara*.

Dualistische Erscheinung: Damit ist gemeint, daß die Phänomene aufgrund subtiler Anlagen im Geist, die von der grundlegenden Unwissenheit herrühren, anders – nämlich inhärent – erscheinen, als sie tatsächlich existieren. Nur ein Buddha hat alle dualistischen oder täuschenden Erscheinungen endgültig aufgehoben und erkennt *gleichzeitig* die konventionelle und endgültige Bestehensweise aller Phänomene in völlig korrekter Weise. Ist mit dem Erlangen der Allwissenheit die dualistische Erscheinungsweise der Phänomene überwunden, erscheinen die beiden Wahrheiten eines Phänomens – die konventionelle und endgültige – in keiner Weise als gegensätzlich, sondern als wesensgleich und einander bedingend.

Elende Daseinsbereiche: Siehe *Niedere Daseinsbereiche*.

Emanationskörper: Siehe *Ausstrahlungskörper*.

Entsagung: Der Wunsch, sich persönlich aus dem *Daseinskreislauf* völlig zu befreien. Entsagung entsteht durch die Vergegenwärtigung der verschiedenen Leiden, Nachteile und Unfreiheiten innerhalb des *Samsara*. Sie ist die Grundbestrebung eines Übenden des *Kleinen Fahrzeugs* und auch Grundlage für alle Pfade des *Großen Fahrzeugs*.

Erleuchtung: Synonym mit *Nirvana*.

Erleuchtungsgeist (Bodhicitta): Das altruistische Streben nach der Allwissenheit eines Buddha, um frei zu werden von allen Schwächen und um alle vortrefflichen Eigenschaften zu erlangen. Der Zweck dieses Strebens ist das Heil aller fühlenden Wesen, das Ziel ist die eigene vollendete Erleuchtung.

Geistesfaktoren: Geistesfaktoren sind Faktoren des Bewußtseins, die eine Besonderheit des Objektes feststellen und in fünffacher Weise mit dem Hauptbewußtsein, das sie begleiten, übereinstimmen. Asanga nennt sechs Gruppen von insgesamt 51 Geistesfaktoren: (1) die fünf allgegenwärtigen, (2) die fünf objektbestimmenden, (3) die elf heilsamen, (4) die sechs Wurzelleidenschaften, (5) die zwanzig Nebenleidenschaften und (6) die vier wandelbaren Geistesfaktoren. Sie können immer nur zusammen mit einem Hauptbewußtsein auftreten. Siehe *Leidenschaften*.

Großes Fahrzeug (Mahayana): Im Gegensatz zum *Kleinen Fahrzeug* kann dieses Fahrzeug die Last und Verantwortung für das Wohl *aller* Wesen tragen. Der Unterschied liegt in der Stärke der geistigen Kraft, der Entschlossenheit und des Mutes, auf denen der Pfad gründet. Das Ziel der Ausübung des *Großen Fahrzeugs* ist die Buddhaschaft – ein Zustand frei von allen Fehlern und ausgestattet mit allen Tugenden, um allen Wesen entsprechend ihren Anlagen und Neigungen zur Erleuchtung verhelfen zu können. Auch die philosophischen Schulen des *Großen Fahrzeugs* stellen dies als das höchste Ziel heraus.

Karma: Siehe *Taten*.

Kleines Fahrzeug (Hinayana): der Teil der Lehre des Buddha, der dazu dient, die persönliche Befreiung aus dem *Daseinskreislauf* zu erlangen. Weil es „nur" die Last der persönlichen Befreiung tragen kann, ist es ein „kleines" Fahrzeug.

Körperliche und geistige Aggregationen (Skandha): Fünf Gruppen von körperlichen und geistigen Aspekten und Teilen, die unsere Person bedingen: das Körperliche, die Empfindungen, die Unterscheidungen, die gestaltenden Faktoren und die sechs Hauptbewußtseinsarten. Die gegenwärtigen, uns zur Verfügung stehenden Aggregationen sind größtenteils ein Resultat unserer eigenen befleckten *Taten* der Vergangenheit.

Körper des Vollkommenen Erfreuens (Sambhogakaya): Der subtilere der beiden formhaften Körper eines Buddha. Maitreya beschreibt ihn in seiner Schrift „Schmuck der Klaren Erkenntnis" folgendermaßen: „Der Buddha nimmt Gestalt an als Körper des Vollkommenen Erfreuens mit den 32 Haupt- und den 80 Nebenmerkmalen. Es handelt sich um einen Körper des Vollkommenen Erfreuens, weil sich der Buddha vollkommen am Großen Fahrzeug erfreut."

Dieser formhafte Körper besitzt fünf definitive Merkmale: 1. Bestimmtheit hinsichtlich des Ortes: Er erscheint nur in reinen Bereichen; 2. Bestimmtheit hinsichtlich des Körpers: Er besitzt immer die zweiunddreißig Haupt- und achtzig Nebenmerkmale; 3. Bestimmtheit hinsichtlich der Zeit: Der Buddha erscheint so lange in Form des Sambhogakaya, bis alle Lebewesen aus dem Daseinskreislauf befreit sind; 4. Bestimmtheit hinsichtlich der Lehre: Er lehrt ausschließlich das Große Fahrzeug *(Mahayana)* und 5. Bestimmtheit hinsichtlich der Begleitung der Schülerschaft: Nur Arya-Bodhisattvas können von dem Körper des Vollkommenen Erfreuens Belehrungen erhalten.

Leerheit (Shunyata): In den philosophischen Schulen des *Großen Fahrzeugs* die endgültige Seinsweise alles Existierenden. Nach der *Prasangika-Madhyamaka*-Philosophie ist die Leerheit von inhärenter Existenz gleichbedeutend mit der Selbstlosigkeit. Da die Dinge abhängig existieren, haben sie kein ihnen unabhängig innewohnendes Sein.

Leidenschaften (Klesha): Diejenigen Bewußtseinszustände, deren allgemeines Charakteristikum es ist, das GeistKontinuum durch ihr Entstehen in einen äußerst unausgeglichenen, unbe herrschten Zustand zu versetzen. Die wesentlichen sind Haß, Gier und Verblendung. Alle Leidenschaften sind mit der Verkennung der Realität verbunden. In Asangas „Kompendium des Höheren Wissens" werden sie aufgeteilt in sechs Wurzelleidenschaften: Begierde, Haß, Stolz, Unwissenheit, verblendeter Zweifel und leidverursachende Ansichten, und zwanzig Nebenleidenschaften: Wut, nachtragende Feindseligkeit, Verbergen der eigenen Fehler, Ärger, Neid, Geiz, Heuchelei, Verhehlen, überhebliche Selbstzufriedenheit, Unbarmherzigkeit, mangelnde Selbstachtung, fehlende Rücksicht, Dumpfheit, Erregung, fehlendes Vertrauen, Faulheit, mangelnde Selbstbeherrschung, Vergeßlichkeit, mangelnde Selbstprüfung, Ablenkung.

Methode und Weisheit: Die irrtümliche Vorstellung eines *Selbst* ist die Wurzel für alle *Leidenschaften* und verunreinigten *Taten*. Was diese Wurzel direkt durchtrennt, ist die Weisheit, die die Selbstlosigkeit versteht. Der Methode-Aspekt besteht aus den anderen Eigenschaften auf dem Pfad, wie dem Streben nach der Befreiung aus dem *Daseinskreislauf*, liebevoller Hinwendung, Erbarmen und vor allem dem *Erleuchtungsgeist*. Sie sind indirekte Methoden zur Beseitigung der falschen Vorstellung. Weisheit ist gleich der Schneide einer Axt, und Methode gleich den Mitteln, die diese Axt in Bewegung setzen.

Niedere Daseinsbereiche: Dies sind die Daseinsformen der Höllenwesen, der Hungergeister und der Tiere. In ihnen erleben die Wesen im Gegensatz zu den höheren Bereichen der Menschen, der Halbgötter und der weltlichen Götter sehr große physische und geistige Leiden und haben keine oder doch nur sehr geringe Möglichkeiten, heilsame Handlungen zu begehen. Die einzige Möglichkeit, ein höheres Dasein zu erlangen, besteht oft nur darin, daß sich das negative Karma, das zu der niederen Existenzform führte, gänzlich aufgebraucht hat, oder ein heilsames, positives karmisches Potential während des Sterbens zur Auswirkung kommt. Uns Menschen ist gewöhnlich nur ein Teil des Existenzbereiches der Tiere mit unmittelbarer Erkenntnis ersichtlich.

Nirmanakaya: Siehe *Ausstrahlungskörper*.

Nirvana: Befreiung aus dem *Daseinskreislauf*.

Sambhogakaya: siehe *Körper des Vollkommenen Erfreuens*

Selbst, Selbst-Existenz (Atman): Im Gegensatz zu anderen Religionen und Philosophien verneinen alle buddhistischen philosophischen Schulen ein Selbst oder eine Seele der Person, die von Ursachen und Umständen nicht beeinflußbar und daher beständig ist, die keine unterschiedlichen Teile oder Aspekte besitzt und daher teilelos ist, und die von den *körperlichen und geistigen*

Aggregationen losgelöst und daher unabhängig ist. Darüber hinaus werden von den verschiedenen philosophischen Schulen im Buddhismus noch weitere, subtilere Arten eines fälschlich vorgestellten Selbst der Person und Selbst der Phänomene negiert. Siehe auch *wahre Existenz.*

Sutra: Eine Lehrrede oder Unterweisung des Buddha, die er seine Schüler lehrte, die dem *Kleinen Fahrzeug* oder dem allgemeinen *Großen Fahrzeug* nachfolgen.

Sutrayana: Dieser Begriff bezeichnet die Lehren und Übungen, die der Buddha einer allgemeinen Zuhörerschaft in Form von öffentlichen Lehrreden *(Sutra)* im Unterschied zu den *Tantras* darlegte.

Tantra: Bedeutet wörtlich „Kontinuum, Strom". Tantra bezieht sich auf das Kontinuum, das sich durch die Zeit der Grundlage und des Pfades bis hin zum Ergebnis, der Buddhaschaft, zieht. Tantra bezieht sich auf die Lehre des Geheimen Mantra und die Rede des Buddha, mit der er das Tantra darlegt. Siehe auch *Tantrayana.*

Tantrayana oder **Geheimes Mantra-Fahrzeug:** Wörtlich heißt Mantra „Schutz des Geistes". Die Ausübung des Geheimen Mantra dient dazu, „den Geist" vor gewöhnlichen, verunreinigten Wahrnehmungs- und Beurteilungsweisen „zu schützen". Diese Lehren des Buddha sind „geheim", weil sie im verborgenen verwirklicht werden. Unvorbereiteten Schülern sollen sie nicht nahegebracht werden. Das Mantra-Fahrzeug, auch „Diamantenes Fahrzeug" oder Tantra-Fahrzeug genannt, ist der nicht-allgemeine Teil des Großen Fahrzeugs. Das diesem Pfad zugrundelie gende Erbarmen mit allen fühlenden Wesen ist so groß, daß man nach Mitteln strebt, um schneller als auf dem allgemeinen Pfad des Großen Fahrzeugs die Buddhaschaft zu erlangen. Der dieses Fahrzeug Ausübende muß ein „juwelengleicher Schüler" sein, der vor allem eine besonders große uneigennützige Entschlossenheit und ein besonders starkes Vertrauen in die Lehre besitzt.

Darüber hinaus sind Mantras, insbesondere Namensmantras, kurze Gebete, die viele Male aufgesagt werden. Damit wird der Geist einer überweltlichen Gottheit immer wieder angerufen, um Aufmerksamkeit zu erbitten und ihren Segen zu empfangen.

Taten (Karma): Alle unsere Handlungen, die wir mit Körper, Rede oder Geist ausführen, hinterlassen Anlagen im Bewußtsein, die je nach der Art der Handlung zu glücklichen, leidvollen oder neutralen Erfahrungen führen, wenn sie später mit äußeren Umständen zusammentreffen. Unterteilt man die Taten oder Handlungen entsprechend ihrer Natur, so gibt es zwei Arten: beabsichtigende und beabsichtigte. Eine beabsichtigende Handlung ist ein Geistesfaktor, der den Impuls zu einer Handlung liefert; er geht folglich den physischen und verbalen Taten voraus. Eine beabsichtigte Handlung ist eine physische oder verbale Tat zum Zeitpunkt ihrer eigentlichen Durchführung.

Unterteilt man die Taten entsprechend den Wirkungen, die sie hervorbringen, so gibt es drei Kategorien: heilsame, unheilsame und unabänderliche oder unbewegliche Taten. Heilsame Handlungen führen zu glücklichen Daseinsbereichen wie denen der Menschen, der Halbgötter und der Götter. Unheilsame Taten führen in schlechte Daseinsbereiche, das heißt zu einer Existenz als Tier, als hungriger Geist oder Höllenwesen. Unabänderliche Taten führen zu den höheren Bereichen der Form und Formlosigkeit.

Verdienst, heilsame Potentiale: Der Buddha lehrte, daß *Taten* bestimmte Potentiale im geistigen Hauptbewußtsein hinterlegen, die produkthaft, aber weder geistig noch materiell sind. Treffen diese karmischen Potentiale auf bestimmte innere und äußere Bedingungen, entfalten sie ihre Wirkung. Reifen diese Potentiale zu Glück heran, spricht man von heilsamen Anlagen oder Verdiensten.

Vier Edle Wahrheiten: 1. die Edle Wahrheit von den Leiden, 2. die Edle Wahrheit von dem Ursprung der Leiden, 3. die Edle Wahrheit von der Beendigung der Leiden und 4. die Edle Wahrheit von dem Pfad, der zur Beendigung der Leiden führt. Die Lehre über die Vier Edlen Wahrheiten ist Grundlage der gesamten Lehre des Buddha.

Wahre Existenz: Wenn etwas so existierte, wie es einem gewöhnlichen Bewußtsein erscheint, so hätte es eine wahre Existenz. Nach der *Prasangika-Madhyamaka*-Lehrmeinung wäre die wahre Existenz eines Phänomens gleichbedeutend mit seiner *inhärenten Existenz* oder seiner *Selbst-Existenz*. Diese Existenz-weisen sind jedoch nur falsche Vorstellungen eines ungeschulten Bewußtsein. In Wirklichkeit existieren sie nicht; denn alles Seiende ist *abhängig Entstandenes*. Die irrtümlicherweise in die Dinge hineingelegte wahre Existenz wird von der *Leerheit* der Dinge ausgeschlossen.

Weltliche Gottheiten: Dies sind Götter, die sich noch im Daseinskreislauf befinden und ihre hohe und glückliche, aber befleckte Existenzform wieder verlieren, wenn ihr karmisches Potential dafür aufgebraucht ist.

Weisheits-Wahrheitskörper (Inanadharmakaya)**:** Einer der drei Körper eines Buddha. Er ist der allwissende Geist eines vollkommen Erwachten, die hohe Erkenntnis eines Buddha. Laut Definition handelt es sich um „eine Ursprüngliche Weisheit, die die höchste Form der Erkenntnis in bezug auf die Phänomene sowohl in ihrer endgültigen wie auch in ihrer vielfältigen konventionellen Bestehensweise ist".

Zufluchtsobjekt: Buddha, Dharma (seine Lehre) und Sangha (die Geistige Gemeinschaft der Heiligen).

Zwei Wahrheiten: In seiner „Grundlegenden Abhandlung", genannt „Weisheit" sagt Nagarjuna dazu: „Die Lehren, die von den Buddhas dargelegt wurden, stützen sich völlig auf die Zwei Wahrheiten: konventionelle, weltliche Wahrheiten und Wahrheiten, die endgültig sind."
Entsprechend dem System der *Prasangika-Madhyamikas* werden sie wie folgt beschrieben: Alle Phänomene, die wir in manifester Form wahrnehmen können, besitzen zwei Existenzweisen. Die eine ist die nominelle oder konventionelle Wesenheit der Phänomene, die andere ist die endgültige Existenzweise, ihre *Leerheit* oder ihr Freisein von *inhärenter Existenz*. Kurz gesagt, handelt es sich bei der endgültigen Wahrheit um ein Objekt, das von einer gültigen Erkenntnis gefunden wird, die die eigentliche Natur der Phänomene untersucht. Eine konventionelle Wahrheit hingegen ist ein Objekt, das von einer gültigen Erkenntnis gefunden wird, die eine Konvention untersucht.

Zwischenzustand: Der Meister Vasubandhu beschreibt das Wesen des Zwischenzustandes folgendermaßen: „Die Zwischenexistenz ist das Kontinuum der Aggregationen, das zwischen der Existenz im Sterben hier und der Existenz der Geburt besteht. Weil man noch nicht zum Zielort gelangt ist, ist die Zwischenexistenz nichts Fertiges." Es handelt sich also um den Zustand zwischen Tod und Wiedergeburt. Im Bardo nimmt man eine Art Geistkörper an, der dem Körper der nachfolgenden Existenz ähnelt. Zu den Besonderheiten des Zwischenzustandes zählt, daß die Wesen, die zur gleichen Art gehören, einander sehen und sich aufgrund karmischer Wunderkräfte fortbewegen können sowie eine besondere Schnelligkeitskraft besitzen. Außerdem sind ihre Sinneskräfte wie das Auge und so weiter vollständig, und sie können ohne Widerstand sogar in Berge und ähnliches eindringen. Sie ernähren sich ausschließlich von Düften. Die Dauer der Zwischenexistenz beträgt im allgemeinen mindestens eine bis höchstens sieben Wochen.

Zwölf Glieder des Abhängigen Entstehens: Dies ist die zwölfgliedrige kausale Kette, die beschreibt, wie das Leiden aus Unwissenheit und den davon motivierten Handlungen entsteht: 1. Unwissenheit, 2. gestaltende Taten, 3. Bewußtsein, 4. Name und Form, 5. die sechs Sinneskräfte, 6. Berührung, 7. Empfindung, 8. Verlangen, 9. Ergreifen, 10. Werden, 11. Geburt und 12. Alter und Tod.